幼児教育サポートBOOKS

明治図書

ポイントとワークシートで
よくわかる!

保 育

実習日誌 指導計画

の書き方&考え方

真宮 美奈子
著

JN039853

●はじめに

　本書は，保育所や幼稚園等でこれから実習を行う学生を対象として，実習日誌と指導計画の書き方をまとめたものです。筆者はこれまで，多くの学生を実習先に送り出し，保育者からアドバイスを受けた実習日誌や指導計画に目を通したり，授業で書き方を教えたりしてきました。この経験を通して，実習日誌や指導計画が書けるようになるためには，主に３つのポイントがあることがわかってきました。

①保育を捉える視点を持てるようになること。

　保育現場では，目の前で様々な出来事が同時に起こります。慣れないうちは，どこに着目すればよいかがわからない学生が多いようです。保育を捉える視点を学ぶことで，どの場面を取り上げて文章を作成すればよいかがわかるようになってきます。本書では，保育場面を捉えるポイントについて解説をしていますので，文章作成の際に活用してください。

②保育者が行う援助の意図（ねらい）を考えることができること。

　保育者の援助を文章にする際，表面的な動きを書くだけでは，十分ではありません。保育には必ず意図がありますので，保育者の援助の意図（ねらい）を「なぜ？」「どうして？」と考えることが必要になります。これは，実習生の動きや指導計画を書く場合にも共通しているポイントです。本書では，たくさんの文例を掲載していますので，様々な保育場面での保育の意図を考える際の参考にしてください。

③実習日誌や指導計画に適した表現を使って，文章が書けること。

　実習日誌や指導計画に書かれている文章の多くは，「保育者の動き＋保育の意図」がセットになっており，基本の形式（型）のようなものがあります。本書では，実習日誌や指導計画に適した文章の形式（型）に慣れ，書き方のコツをつかむためのワークシートを作成しました。まずは，文章の形式（型）を意識して，「保育者の動き＋保育の意図」をセットで書く練習をしてみてください。それに慣れてきたらアレンジを加えて，自分なりの文章表現をすることができるようになると考えています。

　実習を控えた学生のほとんどが「実習日誌が書けるか不安」「指導計画を書くのが負担」といった思いを抱えています。本書を活用することで，少しでも実習への不安感が軽減し，実習が「子どもとの出会いを楽しみ，保育の魅力ややりがいを感じる」機会となることを願っています。

　本書を刊行するにあたって，編集の労をとっていただいた明治図書編集部の木村　悠さんに心から感謝を申し上げます。

2023年3月

真宮　美奈子

本書のワークシートの使い方

実習日誌

ワークシートは，保育の意図を考えて，文章にする練習ができるように構成しています。次のStepを参考に，取り組んでみましょう。

Step ①　場面の説明「●●の様子」

各場面の様子が書いてありますので，保育の様子を想像しながら読んでください。

Step ②　「実習日誌を修正してみましょう」

①の保育場面をもとに，実習日誌が書かれています。設問部分に番号とアンダーラインが書いてあります。

Step ③　「文章を考えてみましょう」

修正前の文章を読んで，適切な保育の意図を考えてください。その際，以下の文章の形式を意識して書いてみてください。●には，意図を考える際のヒントが書いてあります。

[形式①]（保育者が）○○することで，（子どもが）●●できるようにする。
　　　　　　　　　　「保育者の行動」　　　　　　　　　「意図」

Step ④　「保育のポイント」と「文章の修正例を見てみましょう」

保育場面を捉えるポイントと文章の修正例が書いてあります。設問部分ではない文章にも目を通すことで，文章表現のコツをつかんでください。

Step ⑤　「こんなことにも目を向けてみましょう」

各場面に関連する保育のポイントをまとめてありますので，参考にしてください。

指導計画

ワークシートに取り組むことで，「子どもの姿」「ねらい」「内容」「実習生の援助」を書く練習ができるように構成しています。次のStepを参考に，取り組んでみましょう。

Step ①　「場面の説明」と「指導計画」を読んで，設問部分を確認してください。

各場面の様子が書いてありますので，保育の様子を想像しながら読んでください。

Step ②　各設問を読んで，問題に挑戦してください。

●には，考え方のヒントが書いてあります。

Step ③　各設問の解説を読んで，ポイントを確認してください。

文章作成や保育を捉える際のポイントが書いてありますので，参考にしてください。

Step ④　「指導計画　完成版」を読んで，各項目のつながりをつかんでください。

指導計画を書く際の参考資料としても活用してください。

もくじ

実習日誌について学ぼう

実習日誌の基本的な考え方

なぜ実習日誌を書くのか

「実習は楽しいけれど，実習日誌を書くのは大変」という声をよく耳にします。なぜ実習日誌を書く必要があるのでしょうか。

実習は，保育を実際に体験しながら，これまで学んだ理論と保育の実際を関連づけ，保育についての理解を深めることが目標の一つです。しかし，単に保育を体験するだけでは，「子どもが可愛くて，楽しかった」という感想に留まってしまうかもしれません。学びたいことをはっきりさせたうえで保育活動に参加し，一日を振り返ることで，保育への理解を深め，次の目標や自己課題を見つけていくことが大切であり，そのために実習日誌を書くのです。

また，実習日誌は，保育者とコミュニケーションをとる場でもあります。保育者は，実習日誌を読んで，「何を学んでいるか」「保育の捉え方は適切か」「躓いていることはないか」などを汲み取り，実習生に指導やアドバイスをしてくれます。それによって，保育の見方や考え方を広げたり，深めたりすることができます。自分が学んだことを伝えるような気持ちで実習日誌を書くと，保育者もそれに応えてたくさんのアドバイスをしてくれることでしょう。

実習日誌は，実習後の学びや就職活動の際にも活用できる，大切な学びの記録といえます。

保育を捉えるための3つの視点

①子どもから学ぶ

保育は子ども理解から始まるといわれます。子ども理解の基本は，目線や表情，言葉から子どもの思いを推測することに始まります。「どのような気持ちか」「何に興味を持っているか」など，子どもをよく見て，適切な関わりを模索しながら学ぶ姿勢が大切です。

子どもの姿をよく見ることで，低年齢の子どもであっても，一人一人が思いや考えを持っていることがわかります。子どもなりの見方，考え方にふれることも，楽しく，貴重な経験となります。

②保育者から学ぶ

保育者は、子どもへの思い（意図）を持って関わっています。「○○したのは，なぜだろう」

と常に保育の意図を推測しながら，保育者の動きや連携の仕方を見るようにしましょう。大切なことは，子どもを主体とした保育の意図を捉えようとすることです。子どもの興味や意欲，落ち着いて過ごせる等，子どものためにどのような援助をしているかに目を向けるようにします。てきぱきと動く保育者を見て，効率よく，スムーズになどの意図が思い浮かぶかもしれませんが，これは保育者の表面的な行動を捉えたに過ぎないので，留意してください。

③環境構成から学ぶ

環境構成にも，保育者の思い（意図）が込められています。子どもが主体的に生活や活動ができるようにするための様々な工夫に，目を向けてみましょう。

・子どもが主体的に動けるように（マークやイラスト，写真で示す，動線に配慮するなど）
・子どもが興味を持てるように（素材・用具の準備，作品の展示，空間の仕切り方など）
・安全・衛生的に過ごせるように（遊具の点検，清掃，消毒，湿度など）

実習日誌を書く際の基本事項

①保育を肯定的に見る

これまでの保育の背景を理解するように努めながら，共感的に保育を学ぼうとすることが大切です。自分の保育の考え方と異なっていたとしても，批判的な表現はしないようにします。わからない場合は，保育者に質問をしてみると良いでしょう。また，「○○は良いと思った」「○○ができない」など，保育者や子どもを評価するような表現は控えましょう。

②実習日誌には個人情報が含まれるため，扱いに留意する

子どもの名前は，イニシャルで書くことが基本です。ただし，実習園によっては，名前を書くことを求められる場合がありますので指導に従ってください。電車やバスなどに置き忘れることがないように，取り扱いには十分に注意を払ってください。

③ペンで書く

手書きの場合は，消えないペンで書きましょう。手が疲れないペン選びは，実習日誌を書く上での負担軽減につながりますので，吟味しましょう。書き間違えた場合は，二重線を引いて，訂正印を押すのが正式な方法です。実習生の負担を考慮して，修正テープを使うことを認めている園もありますが，使用したい時には，必ず許可をとるようにしてください。

④適切な表現を用いる

保育者（実習生）の援助の欄については，子どもを主体とした表現を基本とし，保育に適した表現を使うようにしましょう。

使用を控える表現	適切な表現の例
～させる	～をするよう伝える　など
～してあげる ～してもらう	～のように関わる ～の援助をする　　など

実習日誌の様式について

　実習日誌は，養成校によって様式が異なっています。一日の時間の流れに沿って時系列で書くものや，印象に残った場面についてのエピソードを書く様式もあります。最近では，実習生や保育者が保育の様子を写真撮影し，それを貼り付けて書く方法も取り入れられるようになってきました。初めて実習に行く場合には，保育の全体的なことを理解するのに適している時系列にまとめる様式（図1）を用いる養成校が多いようです。

・実習クラスの保育者の氏名を正確に
・空欄のままにしない

【表面】

保育者が計画した保育のねらい・内容を確認して記入

実習生自身が，保育活動を通して学びたいことを記入

一日の流れがわかるように，活動ごとに時間を記入

年　　月　　日（　　）	実習クラス　　　　　組	担当教員
天候	歳児　　名（欠席　　名）	実 習 生

保育のねらい・内容

今日の実習目標

時間	子どもの活動	保育者の援助・環境構成	実習生の動き・気づき

・文章の主語は，子ども
・時系列に，現在形で書く
・子どもの名前はイニシャル（例：A児）

・文章の主語は，保育者
・時系列に，現在形で書く
・保育者の援助様子＋その意図を書く
・物的な環境の構成を図にする

・文章の主語は，実習生
・「動き」は，文頭を「・」にして自分の活動＋その意図を書く
・「気づき」は，文頭を「※」にして保育の様子＋学んだことを書く

【裏面】

・「今日の実習の目標」に書いたことをふまえて書く
・保育活動を通して，どのような気づきや学びがあったのか，自己課題は何かを記述する
・書き出しに「今日もありがとうございました」という文章は，書かなくてよい

実習の振り返り

図1　時系列にまとめる様式例と記入ポイント

各項目の書き方について

　以下では，時系列にまとめる様式の場合の，各項目の書き方をより詳しく説明します。

●「保育のねらい・内容」

　実習をさせてもらうクラスの，実習日の保育のねらいと内容を記入する欄です。実習日の前日か，当日の朝に保育者に確認してから，実習に入ることが望ましいです。保育者がどのようなことを大切にして子どもと関わり，環境を構成しているかを理解したうえで実習できるので，その日の保育を適切に捉えることができるからです。その結果，実習日誌も書きやすくなるという良さがあります。どのタイミングで確認すれば保育者の負担が少ないか，相談しておきましょう。

●「今日の実習目標」

　実習生自身の「今日の実習の目標」を書く欄です。あらかじめ目標を設定しておくことで，どんなことを心がけて動けばよいか，保育のどこに着目すればよいかが明確になります。その日の振り返りがしやすくなるので，保育の理解が深まり，自己課題も見つけやすくなります。その日の振り返りをもとに，翌日の目標を設定することを基本とします。

　また，「今日の実習の目標」をふまえて，裏面の「実習の振り返り」（図1）を書くことになりますので，何を学んだかが書けるような目標を立てることが大切になります。

実習前の準備・初めてのクラスで実習する場合（主に観察実習・参加実習の段階）
・一日の活動の流れをつかみ，3歳児クラスの様子を理解できるようにする。
・子どもの名前を呼びながらコミュニケーションを図り，一人一人の特徴や好きな遊びを理解する。
・トラブルが起きた際の対応について学ぶ。
・遊びが発展するような保育者の関わりについて学ぶ。
・子どもの意欲や興味を引き出す言葉かけを学び，自らも挑戦する。
・子どもが安心，衛生的に過ごすことができる環境構成の工夫について学ぶ。　など

一日を振り返って，翌日の目標を立てる場合（主に部分実習・責任実習の段階）
・表情豊かに子どもと関わり，子どもが理解しやすい話し方の工夫をする。
・次の活動の見通しが持てるような言葉かけや関わり方について学ぶ。
・製作活動のねらいを大切にしながら，子どもの様子に応じて臨機応変に関わる。
・子どものアイデアや意見を受け止めながら，応答的に関わるように努める。　など

●「子どもの活動」

　「子どもの活動」の欄には，一日の主な活動の流れがわかるようにする「大きな活動」と，その具体的な内容を示す「小さな活動」とをセットで書いていきます。どちらの項目も，子どもを主語にして，現在形で，時系列に書きます。

(1)「大きな活動」の書き方（図2）

　見出しのような役割を果たすものですので，目立つように文頭に○印を付けます。「大きな活動」の具体例としては，登園，好きな遊び，片付け，クラス活動，給食，午睡，帰りの会，降園などが挙げられます。わかりにくい場合は，デイリープログラムを参考にしてください。

　ただし，何に着目して実習日誌を書くかによって，「大きな活動」の区切り方は変わります。例えば，図3は，散歩の場面を詳細に記録するため，より細かく区切って書いた例です。このような書き方は，一日の流れがつかめた頃に，保育者と相談したうえで取り入れるのがお勧めです。

(2)「小さな活動」の書き方

　クラス全体に当てはまる活動を取り上げて，時系列で書くことを基本とします。さらに，印象に残った場面があれば，一部の子どもの様子も書いていきます。

　必要に応じて，会話を「　」に入れて記録しておくと，子ども理解を深める一助になります。子どもの名前を書く場合は，イニシャル（例：A児）で記入します。

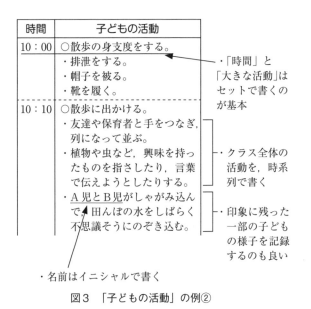

時間	子どもの活動
9：00	○順次，登園する。
	・出席ノートにシールを貼る。
	・かばんと帽子をロッカーへ入れ，身支度をする。
9：20	○好きな遊びをする。
	・ブロック，ままごと，パズル，ねんどなど，好きな遊びをする。

・「大きな活動」文頭に○
・「小さな活動」文頭に・

図2　「子どもの活動」の例①

時間	子どもの活動
10：00	○散歩の身支度をする。
	・排泄をする。
	・帽子を被る。
	・靴を履く。
10：10	○散歩に出かける。
	・友達や保育者と手をつなぎ，列になって並ぶ。
	・植物や虫など，興味を持ったものを指さしたり，言葉で伝えようとしたりする。
	・A児とB児がしゃがみ込んで田んぼの水をしばらく不思議そうにのぞき込む。

・「時間」と「大きな活動」はセットで書くのが基本
・クラス全体の活動を，時系列で書く
・印象に残った一部の子どもの様子を記録するのも良い
・名前はイニシャルで書く

図3　「子どもの活動」の例②

●「時間」

　「大きな活動」の横には，時間を書くことが基本です。一日の流れをつかんだり，それぞれの活動にどのくらいの時間がかかったか把握したりするためです。

　部分実習や責任実習をする際に，どのような時間配分で保育を計画するかを考える資料にもなりますので，正確に記録しましょう。

●「保育者の援助」

(1)「保育者の行動」と保育の「意図」を組み合わせて書く

　「保育者の援助」欄には，「○○と子どもに伝える」「子どもと一緒に片付ける」といった表面的な「保育者の行動」だけを書くのではありません。この欄の書き方のポイントは，図4の②のように，「保育者の行動」と保育の「意図」が組み合わさった文章にすることです。ここでいう「意図」とは，保育者が保育をするうえで大切にしていることを意味します。意図の例としては，「安心して過ごしてほしい」，「友達との関わりを楽しんでほしい」などが挙げられます。意図は，子どもの育ちに対する願いと言い換えることもできます。

　保育者は，子どもの育ちを考え，常に意図を持って行動をしています。「保育者が○○した意図はなに？」と考える習慣をつけることで，保育に対する理解が少しずつ深まります。

```
［①保育者の行動だけを書いた文章の場合］
　△　所持品の始末やシール貼りが進まない子どもには「次は何をするのかな」と言葉かけする。
［②保育者の行動＋意図を書いた文章の場合］
　○　所持品の始末やシール貼りが進まない子どもには「次は何をするのかな」と言葉かけすることで，
　　　見通しが持てるようにする。
　　　　　　　＋「意図」
```

図4　「保育者の行動」＋「意図」の文例

　ただし，自分なりに保育の意図を推測して実習日誌に記述するため，保育者が考えている意図とは違う場合も出てきます。でも，間違って捉えてしまったと落ち込む必要はありません。実習日誌へのコメントや文章の添削を通して，保育者が考えている意図を教えていただく中で，保育の見方・考え方が広がったり，深まったりするからです。

(2) 2つの形式を意識して，適切な文章表現の練習をする

　「保育者の援助」には，保育に適した文章表現があります。以下の2つの形式を意識して練習をすることで，そのコツがつかめます。「意図」を書くことを意識して書くための形式ですので，慣れてきたら，この型をアレンジしてより適切な文章表現を考えるとよいでしょう。

```
［形式①］
　（保育者が）○○することで，（子どもが）●●できるようにする。
　　　　　　　「保育者の行動」　　　　　　　　「意図」

［形式②］
　（子どもが）●●できるよう，（保育者が）○○する。
　　　　　　　「意図」　　　　　　　　　　「保育者の行動」
```

（　）は省略してもよい

「保育者の援助」の欄は，保育者が子どもに援助することを書くことが前提であるため。（保育者が）（子どもが）は省略しても意味が通じるからです。

○○には保育者の行動を書く

●●には子どもが主体の意図を書く
●●（意図）の例
・興味が持てるように
・意欲が持てるように
・見通しが持てるように
・楽しさを感じられるように
・安心して過ごせるように
・友達と一緒に遊べるように
・気持ちが切り替えられるように
など

図5　「保育者の援助」を適切に書くための2つの形式

●「環境構成」

「環境構成」の欄には，素材，教材，用具などの物的環境，子どもと保育者の位置などについて書きます。文章だけで書いてもよいですが，環境構成図にすることで，どこに，何を配置したか，誰が，どこにいたかが一目でわかる記録となります。

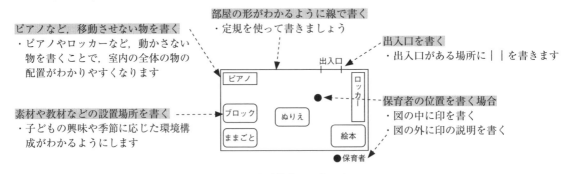

図6　環境構成図の書き方

「子どもが好きな遊びを選べるように」「遊びが継続するように」など，環境構成の意図を文章にして環境構成図の補足をすると，何を学んだかがよりわかりやすくなります。環境構成図は，活動が変わった時に書くことを基本とします。

●「実習生の動き・気づき」

この欄には，実習生の「動き」と「気づき」2つの内容を書きます。実習生の動きは文頭に「・」，気づきを書く時には文頭に「※」というように，ルールを決めて書き分けます。

(1) 実習生の動きの書き方

実習生も，自分なりに意図を持って子どもと関わっているはずです。保育者の援助の書き方と同様に，「実習生の動き」と「意図」をセットにして書いてください。自分自身の振り返りになるとともに，保育者にも実習生が何を大切にして保育をしているかを理解してもらえるので，アドバイスを受けやすくなります。文章の主語は実習生で，現在形で書きましょう。

(2) 実習生の気づきの書き方

保育活動に参加する中で，気づいたこと，考えたことを書きます。文章の主語は実習生で，過去形で書きましょう。文末を「〜と気づいた」「〜と考えた」「〜を学んだ」などでまとめると書きやすいでしょう。

①子どもからの気づき：発達，遊びへの興味，友達との関わり，生活の様子など

②保育者からの気づき

発達に応じた関わり，一人一人に応じた配慮，遊びへの関わり方，導入の仕方，言葉かけの工夫など

③環境構成からの気づき

物の配置，安全・衛生面に配慮した環境，ねらいに応じた教材・用具等の準備など

●「実習の振り返り」

「今日の実習の目標」の項目に書いたことをふまえて一日を振り返り，学んだこと，明日からの目標，自己課題などを書きましょう。その際，保育者が文章を読んだ時に，具体的な子どもの様子や場面がわかるように書くことが大切です。保育者は，ここに書かれた文章をもとに状況を理解して，実習生が何を学んだか，保育の捉え方は適切か，悩みはないかなどを把握して指導をしているためです。適切な指導を受けるために，読み手に配慮した文章を心がけてください。後で自身が見返した時にも，よくわかる記録となります。

● 実習日誌の書き方まとめ―各項目の記入例―

これまで説明した項目を様式に当てはめると，以下のようになります。

保育のねらい・内容			
友達や保育者と一緒に過ごす楽しさを感じながら，安心して過ごす。			
今日の実習の目標			
子どもが安定して過ごせるようにするための環境構成や保育者の関わりを学ぶ。			
時間	子どもの活動	保育者の援助・環境構成	実習生の動き・気づき
9：00	○登園する。 ・挨拶をする。 ・所持品の始末をする。 ・出席ノートにシールを貼る。 ・友達の遊びの様子が気になって，身支度が進まない子どもがいる。	・一人一人に笑顔で挨拶をしながら，視診を行う。 ・所持品の始末やシール貼りが進まない子どもには「次は何をするのかな」と言葉かけすることで，見通しが持てるようにする。 出入口 ピアノ　ロッカー ブロック　ぬりえ ままごと　絵本 ●保育者	※保護者が保育者と笑顔で話をする様子を見ることで，子どもが安心することに気がついた。 ・所持品の始末をするできるだけ自分でしようとする姿を見守りながら，必要に応じてやり方を伝え，安心して身支度の仕方ができるようにする。 ※身の回りの始末は，個人差が大きいため，保育者が手を添えて，やり方を見せることも大切だと学んだ。
9：30	○好きな遊びをする。	・ままごとに加わり，お客さんのを	・好きなものを作る姿を見守り

（左欄外）つながりを持たせる

（右欄外）「○大きな活動」のところで，横をそろえる

実習の振り返り
本日は，子どもが安定して過ごせるようにするための環境構成と保育者の関わりについて学ぶことを目標にしました。環境構成では，同じ種類のおもちゃが複数用意されており，一人一人がしたい遊びを落ち着いてできるように工夫されていると考えました。また，それぞれの子どものマークが決まっていて，机や椅子，下駄箱やロッカーにも貼られていました。自分の物，場所が目で見てわかることで安心できるのだと感じました。 　保育者の関わりについては，子どもが遊びに集中している時は見守りながら，不安になった時に遊びに

図7　各項目の記入例

0歳児の発達と保育

発達の特徴と保育のポイント

　一人一人の生理的な欲求を丁寧に満たしながら，愛情豊かに，応答的に関わることで，人と関わる心地良さや基本的な信頼感を育んでいきたい時期です。安心できる特定の人との関わりを通して情緒が安定することによって，身近なものへの興味，言葉や運動機能などの発達が促されていきます。

●乳児期前半（おおむね6か月未満）

　視覚や聴覚，触覚，味覚などの感覚が大きく発達する時期です。生後4か月頃には首が据わり，その後で寝返り，腹ばいなど全身を活発に動かせるようになります。

　寝ている姿勢が基本であり，自分で姿勢を変えることが難しいため，保育者がうつぶせや支え座りにすることで，気分転換になり，身の回りの物への興味が広がるようにします。

　子どもの姿勢を変える際には，一方的に行うのではなく，「○○ちゃん，座ろうね」などと声をかけてから，子どもの気持ちに配慮しながら行うことが大切です。また，働きかける時には，目を合わせ，子どもの表情や声，手や足の動きに応じてゆったりとした調子で声をかけ，やりとりを楽しめるようにします。

●乳児期後半（おおむね6か月頃から1歳過ぎ）

　運動機能の発達がめざましく，お座り，はいはい，つかまり立ち，つたい歩きなどができるようになるこの時期には，子どもが興味を持てるおもちゃや，安心できる人に向かって移動しようとする意欲が持てるような環境づくりが大切になります。一人一人の育ちに応じて，少し頑張ればほしいものに手が届く，行きたいところに到着するといったような適切な距離の工夫をします。その姿を見守り，励まし，移動できたことを一緒に喜ぶことによって，さらに興味や活動が広がっていくようにします。

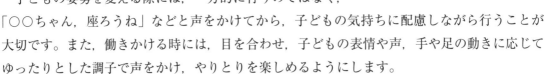

育ちをふまえた保育者の援助と文例

● 応答的な関わりを大切にして

・子どもを膝にのせて向かい合って座り，ゆったりと歌いか
けながら体を揺らして遊ぶことで，温かい雰囲気の中で安
心してスキンシップを楽しめるようにする。

応答的な関わりの例
・子どもが指さしたものを一緒に見ながら，気持ちを受け止め，色や音
などの様子を言葉にして伝えることで，やりとりを楽しめるようにす
る。
・おもちゃに集中している場合は見守り，興味の様子に応じて子どもの
気持ちを言葉にすることで，遊びへの意欲が続くようにする。

● 移動したくなるように工夫して

・子どもと目線を合わせ，名前を呼びながらおもちゃを見せ
ることで，はいはいしようとする意欲が持てるようにする。

移動したくなる援助の例
・少し手を伸ばしたら届きそうなところへおもちゃを置くことで，
自分で動こうとする気持ちが持てるようにする。
・使っていないおもちゃを片付けることで，安全に，のびのびと
体を動かせるようにする。
・マットを敷いて段差をつけることで，様々な動作を楽しめるよう
にする。

● 「いないいないばあ」「まてまて遊び」などでやりとりを楽めるように

・子どもの動きに応じて「まてまて」「つかまえた」などと
言葉かけして触れ合うことで，やりとりを楽しめるように
する。

やりとりを楽しめる援助の例
・薄い布で子どもの顔を隠しながら「いないいない」と声をかけ，自分
で布を取ったタイミングで「ばあ」と声をかけることで安心してやり
とりが楽しめるようにする。
・「ちょうだい」「ありがとう」，「どうぞ」などとおもちゃを手渡しなが
ら挨拶遊びをすることで，やりとりを楽しめるようにする。

― 朝のおやつの場面（12月）―

0歳児（12月）の朝のおやつの様子

　クラスの中で1歳を過ぎる子どもが増えてくるこの時期には，名前を呼んでおやつに誘われると，おしぼりで手を拭いたり，エプロンをつけたりすることを保育者と一緒にやろうとするなど，おやつを食べることへの見通しが持てるようになってきます。

　おやつを待っている間の歌遊び「どこでしょう」では，自分の名前を呼ばれることに期待感を持っている姿や，「はーい」と手を上げて返事をすることを楽しむ姿が見られるようになります。

おいしいね

●実習日誌を修正してみましょう ✐

おやつの場面での実習のねらい
　自分で食べたり，飲んだりしようとする気持ちを大切にした，保育者の援助について学ぶ。

時間	子どもの活動	保育者の援助・環境構成	実習生の動き・気づき
9：00	○おやつを食べる。 ・椅子に座る。 ・手を拭いてもらう。 ・エプロンをつけてもらう。 ・歌遊び「どこでしょう」を楽しむ。 ・「いただきます」の挨拶をする。 ・ビスケットを食べ，牛乳を飲む。 ・「ごちそうさま」の挨拶をする。 ・おしぼりで口と手を拭いてもらう。	・机を拭いて消毒し，子どもの名前を呼んで椅子に座るように声をかけ，個人用のタオルで手を拭く。 ・椅子に座った子どもにエプロンをつける。 ・「どこでしょう」の歌に合わせて順番に子どもの名前を呼び，楽しみながら配膳を待てるようにする。① ・名前を呼ばれた子どもと一緒に，「どこでしょう」の歌に合わせて返事をする。 ・コップを使って牛乳を飲む際，むせたり，こぼしたりしないように見守る。② ・早く食べようとする子どもには，「もぐもぐしようね」と言葉かけする。 ・タオルで手と口を拭き，「きれいになったね」と声をかけることで，清潔にする心地良さが味わえるようにする。 ・エプロンを外し，子どもと一緒に畳んで袋に片付ける。	・「きれいになったね」と自ら手を拭こうとする姿を認めながら，おしぼりで子どもの手を拭く。 ※「いただきます」の挨拶をしてから一人一人に牛乳を手渡して配膳することで，こぼさないように工夫されていると考えた。③ ・おやつを食べている子どもに「おいしいね」と声をかける。 ・牛乳を飲む時にコップを支え，子どもが自分で飲めるように援助する。 ※一人一人の食べ方に応じて，ビスケットの大きさや，牛乳を飲むタイミングを調整していることに気づいた。 ※食べ終えた子どもの喫食量を把握し，連絡帳に記入していた。子どもの体調を家庭に知らせる大切な情報であることに気づいた。

●文章を考えてみましょう 🖊 //////////////////////////////////////

①を修正してみましょう

【修正前】名前を呼ばれた子どもと一緒に,「どこでしょう」の歌に合わせて返事をする。

> 名前を呼ばれた子どもと一緒に,「どこでしょう」の歌に合わせて
> 返事をすることで,

保育者が一緒に返事をすることで, 子どもはどんな気持ちになるかを想像したうえで, 保育の意図を考えてみましょう。

②を修正してみましょう

【修正前】早く食べようとする子どもには,「もぐもぐしようね」と言葉かけする。

> 早く食べようとする子どもには,「もぐもぐしようね」と言葉かけ
> することで,

口に入れる適切な量がわからずに, たくさんのビスケットを頬張る様子を思い浮かべながら, 保育の意図を考えてみましょう。

③を修正してみましょう

【修正前】おやつを食べている子どもに「おいしいね」と声をかける。

> おやつを食べている子どもに「おいしいね」と声をかけることで,

あなたが実習生の場合, どのような意図を持って「おいしいね」と子どもに言葉かけするかを考えてみましょう。

●0歳児（12月）の朝のおやつの場面での保育のポイント ✎ ////////////////

　自分でやりたい，食べたいという意欲を大切にしたい時期です。手づかみで食べたり，こぼしたりする姿が見られますが，「おいしいね」と温かく見守りながら，楽しい雰囲気の中で安心して食べられる環境づくりがポイントになります。

　「おやつだから手を拭こうね」「いただきます」「おやつ，おしまい」など，言葉を添えて繰り返し伝えることで，生活の見通しが持てるようになってきます。また，おしぼりで手や口を拭いた後には，「きれいになったね」と心地良さを伝えることも大切です。

●文章の修正例を見てみましょう ✎ //

時間	子どもの活動	保育者の援助・環境構成	実習生の動き・気づき
9：00	○おやつを食べる。 ・椅子に座る。 ・手を拭いてもらう。 ・エプロンをつけてもらう。 ・歌遊び「どこでしょう」を楽しむ。 ・「いただきます」の挨拶をする。 ・ビスケットを食べ，牛乳を飲む。 ・「ごちそうさま」の挨拶をする。 ・おしぼりで口と手を拭く。	・机を拭いて消毒し，子どもの名前を呼んで椅子に座るように声をかけ，個人用のタオルで手を拭く。 ・椅子に座った子どもにエプロンをつける。 ・「どこでしょう」の歌に合わせて順番に子どもの名前を呼び，楽しみながら配膳を待てるようにする。 ①・名前を呼ばれた子どもと一緒に，「どこでしょう」の歌に合わせて返事をすることで，楽しい雰囲気の中で安心して返事ができるようにする。 ②・コップを使って牛乳を飲む際，むせたり，こぼしたりしないように見守る。 ・早く食べようとする子どもには，「もぐもぐしようね」と言葉かけすることで，おやつを喉に詰まらせないように留意する。 ・タオルで手と口を拭き，「きれいになったね」と声をかけることで，清潔にする心地良さが味わえるようにする。 ・エプロンを外し，子どもと一緒に畳んで袋に片付ける。	・「きれいになったね」と自ら手を拭こうとする姿を認めながら，おしぼりで子どもの手を拭く。 ※「いただきます」の挨拶をしてから一人一人に牛乳を手渡して配膳することで，こぼさないように工夫されていると考えた。 ③・おやつを食べている子どもに「おいしいね」と声をかけることで，食べる意欲が持てるようにする。 ・牛乳を飲む時にコップを支え，子どもが自分で飲めるように援助する。 ※一人一人の食べ方に応じて，ビスケットの大きさや，牛乳を飲むタイミングを調整していることに気づいた。 ※食べ終えた子どもの喫食量を把握し，連絡帳に記入していた。子どもの体調を家庭に知らせる大切な情報であることに気づいた。

> おやつの場面での実習のねらい
> 自分で食べたり，飲んだりしようとする気持ちを大切にした，保育者の援助について学ぶ。

> 保育者が一緒に返事をすることで，子どものモデルにもなっています。

> このような保育者の関わりは，子どもの身近な環境への興味・関心を育てることにつながります。

> 「おいしい」と感じている子どもの気持ちを代弁することで，食べる楽しさや喜びを感じたり，意欲が持てたりします。

●こんなことにも目を向けてみましょう

乳児保育でのおやつについて

　離乳食が完了する生後12か月から18か月頃になると，栄養素の大部分を一日３回の食事から摂取できるようになります。しかし，一度にたくさん食べることができないため，それだけでは必要なエネルギーや栄養素を補うことができません。そのため，厚生労働省「保育所における食事の提供ガイドライン」（厚生労働省，2012）では，食事に加えて，１～２回のおやつをとることが必要であるとしています。多くの園では，２歳までは午前と午後の２回おやつを提供し，３歳以降は午後に１回のおやつを提供しています。

　食事ではとりきれないビタミンやミネラルなどの栄養と水分を，おやつで補えるようにしています。具体的には，牛乳・乳製品，いも類，ご飯類，野菜，果物類などが挙げられます。

　特に，午後のおやつは，夕食までの空腹を満たす意味でも重要ですが，無理なく夕食が食べられるように，おにぎりや蒸しパンなどの軽食や手作りの栄養あるおやつを提供している園が多いです。

〈おやつの例〉

牛乳　豆乳プリン　さつまいも蒸しパン　りんご　みかん　バナナ　おにぎり

　どのようなおやつが提供されているかについては，それぞれの園で特色がありますので，目を向けるとよいでしょう。

　おやつの時間は，子どもがリラックスし，コミュニケーションをとる機会であり，食べ物に対する興味を育み，清潔にする心地良さを味わえる場でもあります。おやつの意義をふまえながら，楽しい雰囲気の中で，自ら食べようとする意欲を育てる保育者の関わりが重要になります。

参考文献
厚生労働省「保育所における食事の提供ガイドライン」，2012年
厚生労働省雇用均等・児童家庭局母子保健課「児童福祉施設における食事の提供ガイド －児童福祉施設における食事の提供及び栄養管理に関する研究会報告書－」，2010年
「授乳・離乳の支援ガイド」改定に関する研究会「授乳・離乳の支援ガイド」，2019年

― 好きな遊びの場面 ―

0歳児の好きな遊びの様子

子どもの月齢に応じて，遊び方も様々です。低月齢の子どもは，仰向けで寝たり，抱っこされたりしながら，保育者の優しい言葉や歌いかけに心地良さを感じて過ごします。ウレタン遊具を使って，ハイハイを楽しんでいる8か月頃の子どもたち，保育者と料理を食べる「つもり」を楽しむ1歳過ぎの子どもたちの姿を想像してください。

●実習日誌を修正してみましょう

時間	子どもの活動	保育者の援助・環境構成	実習生の動き・気づき
	室内遊び場面での実習のねらい 0歳児遊びの様子を理解し，一人一人の子どもの興味に応じた援助について学ぶ。		
10：00	○室内遊び。 ・絵本，積み木，ままごと，手作りおもちゃ，ウレタン遊具など，それぞれが興味のあるものを見つけて遊ぶ。 ・月齢の低い子どもは，ウレタンマットに横になり，保育者との関わりを楽しむ。 ・月齢の高い子どもは，好きな遊びを選んで，保育者との遊びを楽しむ。	・子どもが自分で絵本をめくろうとする姿を大切にしながら，興味に応じて読み聞かせをしたり，指さしに言葉を添えたりする。① ・料理を食べる模倣をする子どもに，「おいしそう」「いい匂い」などの言葉をかける。 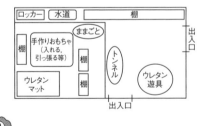 ②・「いないいないばあ」をする際には，薄くて軽く，柔らかい布を使う。 ③・ウレタン遊具を登ったり，降りたりする様子を見守る。	※子どもが笑ったり，体を動かしたりする様子に応じて，やり取りを楽しみながら読み聞かせをすることが大切だと気がついた。 ※箱から取り出したり，穴に入れたりする手作りおもちゃで繰り返し遊ぶことで，手指の発達が促されると考えた。子どもの発達に応じたおもちゃを整えることで，低年齢でも集中して遊べることを学んだ。 ※子どもが座った時の目の高さ合わせて，棚におもちゃが置かれていた。自分でしたい遊びが見つけられるようにするための工夫であると考えた。 ・保育者の歌いかけや「いないいないばあ」の優しい声のトーンを聴いて，子どもが安心した表情をしていることに気がついた。 ※子どもが興味を持った遊びに分かれて保育者が関わっており，連携しながら保育がなされていることを学んだ。

●文章を考えてみましょう ✏ //

①を修正してみましょう

【修正前】料理を食べる模倣をする子どもに，「おいしそう」「いい匂い」
　　　　などの言葉をかける。

> 料理を食べる模倣をする子どもに，「おいしそう」「いい匂い」など
> の言葉をかけることで，

┃「おいしそう」「いい匂い」という言葉かけによって，子どもの遊びがどのようになることを期待しますか？保育の意図を考えてみましょう。

②を修正してみましょう

【修正前】「いないいないばあ」をする際には，薄くて軽く，柔らかい布を
　　　　使う。

> 「いないいないばあ」をする際には，薄くて軽く，柔らかい布を使う
> ことで，

┃顔や体に布をふわりとのせてもらい，布越しに保育者の顔を見ながら「いないいないばあ」を楽しんでいる子どもの様子を思い浮かべて，考えてみましょう。

③を修正してみましょう

【修正前】ウレタン遊具を登ったり，降りたりする様子を見守る。

> ウレタン遊具を登ったり，降りたりする様子を見守りながら，

┃登ったり，降りたりする際，バランスが不安定な子どもがいたり，一人でできたことの喜びを伝えてくる子どもがいたりする様子を思い浮かべて，どのような関わりをするか（〜することで）＋その意図（○○できるようにする）を考えてみましょう。

●0歳児の好きな遊びの場面での保育のポイント 🖋

　子どもが遊びへ向かうには，信頼できる保育者との温かな関わりが基盤となります。言葉を十分に話すことができないこの時期には，保育者が子どもの表情や目線，しぐさなどで気持ちを汲み取り，それを言葉にしながらやりとりを楽しめるようにします。遊びに集中している時には，見守ることも大切な関わりです。子どもの育ちに応じたおもちゃ，自分で好きな遊びが選べる工夫，安全に探索活動や体を動かすことができる環境づくりもポイントです。

●文章の修正例を見てみましょう 🖋

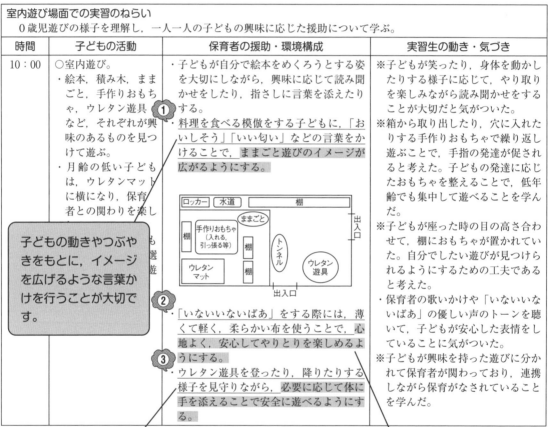

室内遊び場面での実習のねらい
　0歳児遊びの様子を理解し，一人一人の子どもの興味に応じた援助について学ぶ。

時間	子どもの活動	保育者の援助・環境構成	実習生の動き・気づき
10：00	○室内遊び。 ・絵本，積み木，ままごと，手作りおもちゃ，ウレタン遊具など，それぞれが興味のあるものを見つけて遊ぶ。 ・月齢の低い子どもは，ウレタンマットに横になり，保育者との関わりを楽し〔…〕も〔…〕選遊	・子どもが自分で絵本をめくろうとする姿を大切にしながら，興味に応じて読み聞かせをしたり，指さしに言葉を添えたりする。① ・料理を食べる模倣をする子どもに，「おいしそう」「いい匂い」などの言葉をかけることで，ままごと遊びのイメージが広がるようにする。 ［図：ロッカー／水道／棚／ままごと／手作りおもちゃ（入れる，引っ張る等）／棚／棚／トンネル／ウレタン遊具／ウレタンマット／出入口／出入口］② ・「いないいないばあ」をする際には，薄くて軽く，柔らかい布を使うことで，心地よく，安心してやりとりを楽しめるようにする。③ ・ウレタン遊具を登ったり，降りたりする様子を見守りながら，必要に応じて体に手を添えることで安全に遊べるようにする。	※子どもが笑ったり，身体を動かしたりする様子に応じて，やり取りを楽しみながら読み聞かせをすることが大切だと気がついた。 ※箱から取り出したり，穴に入れたりする手作りおもちゃで繰り返し遊ぶことで，手指の発達が促されると考えた。子どもの発達に応じたおもちゃを整えることで，低年齢でも集中して遊べることを学んだ。 ※子どもが座った時の目の高さ合わせて，棚におもちゃが置かれていた。自分でしたい遊びが見つけられるようにするための工夫であると考えた。 ・保育者の歌いかけや「いないいないばあ」の優しい声のトーンを聴いて，子どもが安心した表情をしていることに気がついた。 ※子どもが興味を持った遊びに分かれて保育者が関わっており，連携しながら保育がなされていることを学んだ。

吹き出し（①）：子どもの動きやつぶやきをもとに，イメージを広げるような言葉かけを行うことが大切です。

吹き出し（③）：自分でやりたい，自分でできたという気持ちを大切にするために，見守ることを大切にしています。
まだ思い通りに動いたり，バランスをとったりすることは難しいため，いつでも手を添えて安全に遊べるようにします。

吹き出し：薄い布は，保育者の顔が見えて，暗くならないため，安心して遊ぶことができます。肌にふれる感触が心地良いこともポイントです。

●こんなことにも目を向けてみましょう 🖉

0歳児の育ちに適した遊び

モビール

さまざまな色や形
音や感触を楽しむ遊び

ガラガラ　　起きあがり人形　音の出る積み木

色水
ペットボトル　編みボール　ラップ芯
マラカス　ぬいぐるみ

布

積み木　　布ひっぱれ　　　　型入れ

触る、出す、入れる、めくる、
つまむを楽しむ遊び

おてだま　チェーンリング　いないいないばあ　　パズル

ひく

ひく、押す、はうなど、
体を動かす遊び

はいはい　　　　押す　　　　段差をはいはい

1歳児の発達と保育

発達の特徴と保育のポイント

● 1歳児前半

　1歳を過ぎると歩き始め，好奇心が旺盛になります。自分の思いを指さしや身ぶりで伝えようとするようになります。

　また，「マンマ」「ワンワン」などの一語文を話すようにもなります。子どもの「ワンワン」に込められた様々な思いを汲み取って，「ワンワン，いたね」「ワンワン，かわいいね」などの言葉を添えて，コミュニケーションを楽しめるようにします。

　手指が発達し，「つまむ」「引っ張りだす」「穴に落とす」などの遊びを繰り返し楽しむようになります。また，食事面では，スプーンを使って自分で食べようする姿が見られるようになりますが，手づかみになったり，食事をこぼしてしまったりします。ゆったりと関わりながら，保育者がやり方を見せて伝えたり，繰り返し挑戦する姿を見守ったりすることを大切にします。

● 1歳児後半

　歩行が安定し，走る，登る，跳ぶなどの，基礎的な運動ができるようになります。手をつないで階段を上ったり，手をついて一人で降りたりできるようになってきます。マットや巧技台，ブロックなどを使って，でこぼこ道を歩いたり，登ったり，ジャンプしたりなど，体を動かせる環境づくりをします。

　言葉の発達は個人差が大きいですが，物には名前があることが理解できるようになります。自分の好きな物に執着するようになるため，物の取り合いのトラブルが増えます。

　次第に，「ワンワン，バイバイ」など，一語文から二語文へと移行していきます。また，可逆の指さしができるようになり，「イチゴはどれ？」と尋ねると，指さしをして伝えられるようになり，やりとりが豊かになっていきます。これに伴って，子どもが経験した生活を再現する遊びも見られるようになります。

　身の回りのことを自分でやりたい気持ちもでてきます。保育者がさりげなく手伝いながら，靴下やズボンなどの衣服が自分で着られたという経験を重ねられるようにします。

育ちをふまえた保育者の援助と文例

● 言葉を育てる関わり

> ・絵本を指さして興味があるものを伝えようとする姿を受け止め，名前や大きさ，色などの言葉を添えて応えることで，やりとりを楽しめるようにする。

言葉を育てる援助の例

・「ぞうさんはどこかな」など子どもに問いかけながら，絵本を一緒に楽しむことで，言葉に興味が持てるようにする。

● 友達と関われるように仲介役となる

> ・「○○ちゃん，どうぞ」「いただきます」など，保育者が「つもり」遊びを子どもと一緒に楽しむことで，友達の遊びに興味が持てるようにする。

友達との関わりを育てる援助の例

・保育者が仲介役となり，子どもの興味や思いを言葉にして伝えることで，友達と一緒に遊ぶ楽しさを感じられるようにする。
・ままごとやお風呂など，子どもが生活経験をもとにして見立て遊びを楽しめるように，イメージが膨らむおもちゃや道具などを整えるようにする。

● 安心して自分の気持ちを表現できるように

> ・おもちゃの取り合い時には，保育者がぞれぞれの思いを言葉にして伝えることで，友達の気持ちに気づけるようにする。

安心して気持ちを表現できる援助の例

・自己主張する姿を認め，「使いたかったんだよね」と子どもの思いを言葉にして受け止めることで，気持ちが安定するように配慮する。
・友達におもちゃを渡すことができた姿を認め，「貸してくれたの？ありがとう」と相手の気持ちを伝えることで，気持ちを切り替えられるようにする。
・「こんなのもあるよ」と子どもが興味を持ちそうなおもちゃを見せることで，気持ちを立て直して遊べるようにする。

― 食事の場面 ―

1歳児の食事の様子

　1歳3か月頃から乳歯がそろい，噛んで食べられるようになりますが，よく噛んだり，飲み込んだりする力はまだ十分ではありません。スプーンやフォークを使って食べようとしますが上手に使えず，こぼしたり，手づかみをしたりする姿も見られます。食べることが楽しいと感じられる雰囲気の中で，食べる意欲を育てることが大切です。

●実習日誌を修正してみましょう

食事場面での実習のねらい 　食べる意欲を大切にした保育者の援助について学ぶ。			
時間	子どもの活動	保育者の援助・環境構成	実習生の動き・気づき
11：00	○給食の準備をする。 ・手を洗う。 ・椅子に座る。 ・エプロンをつけてもらう。	・机を拭いて消毒し，衛生的な環境を整える。 ・手を洗い終えていない子どもの名前を呼び，全員が手洗いできるようにする。 （環境図：出入口／ロッカー・ロッカー／机 机 机 机／棚／出入口）	・丁寧に手が洗えるように，「ゴシゴシしてね」と洗い方を伝える。 ※机の上にエプロンを置くことで，子ども自身がどこに座ればよいかがわかるように工夫されていた。 ※アレルギー除去食には印が付けてあり，少し席を離して食事をしていた。誤食が起きないように十分に配慮されていることを学んだ。
11：20	○給食を食べる。 ・配膳を待つ。 ・「いただきます」の挨拶をする。 ・給食を食べる。 ・「ごちそうさま」の挨拶をして，おしぼりで手や口の周りを拭く。 ・給食を食べ終えた子どもから順に排泄をする。	① ・配膳をしている間に，献立を伝える。 ・子どもが食べやすいように，お皿の位置を変えたり，手を添えてスプーンの持ち方を伝えたりする。 ② ・「Aちゃんのお皿ピカピカだね」と友達が食べている様子を伝える。 ③ ・お皿に少量残っている食べ物を「集まれしようね」と言葉かけしてまとめる。 ・苦手な食べ物に挑戦する姿を認め，また食べてみようとする気持ちが持てるようにする。	・配膳を待っている子どもに「おいしそうだね」と言葉かけし，落ち着いて待てるようにする。 ※食べやすいように，カレーを混ぜてから配膳していた。自分で食べる意欲を大切にしていると考えた。 ・「おいしいね」と言葉を交わしながら，楽しい雰囲気の中で食べられるようにする。 ・自分で手や口を拭く姿を認めながら仕上げ拭きをし，きれいになった心地良さが感じられるようにする。 ※保育者が傍で見守ることで，食事がゆっくりの子どもも最後まで落ち着いて食べられることに気づいた。

●文章を考えてみましょう 🖉 ///////////////////////////////////

①を修正してみましょう

【修正前】配膳をしている間に，献立を伝える。

> 配膳をしている間に献立を伝えることで，

▍給食の配膳を待っている子どもたちに献立を伝えることで，子どもにどのような気持ちになってほしいでしょうか？保育の意図を書き加えてみましょう。

②を修正してみましょう

【修正前】「Aちゃんのお皿ピカピカだね」と友達が食べている様子を
　　　　　伝える。

> 「Aちゃんのお皿ピカピカだね」と友達が食べている様子を伝えることで，

▍友達が残さずに食べている姿を見ると，子どもはどのような気持ちになるかを想像して，保育の意図を考えてみましょう。

③を修正してみましょう

【修正前】お皿に少量残っている食べ物を「集まれしようね」と言葉か
　　　　　けしてまとめる。

> お皿に少量残っている食べ物を「集まれしようね」と言葉かけしてまとめることで，

▍スプーンをまだ上手く使えず，少しだけ残った食べ物をすくうのが難しい様子がよく見受けられます。食べ物をまとめる意図を考えてみましょう。

●1歳児の食事の場面での保育のポイント 🖉 ////////////////////////////////////

　自分で食べようとする気持ちが芽生えてくるこの時期は，食べられたことを一緒に喜び，食べる意欲や食べる力を伸ばす援助が大切です。保育者が一緒に食事をしながら，おいしそうに食べて見せたり，友達が食べている姿を伝えたりしながら，楽しい雰囲気の中で食べられるようにしていきます。窒息が起きやすくなるため，食事中は目を離さずに，食べ物の適切な大きさや口に入れる量，食事中のおしゃべりなどに注意を払います。

●文章の修正例を見てみましょう 🖉 ////////////////////////////////////

食事場面での実習のねらい
食べる意欲を大切にした保育者の援助について学ぶ。

時間	子どもの活動	保育者の援助・環境構成	実習生の動き・気づき
11：00	○給食の準備をする。 ・手を洗う。 ・椅子に座る。 ・エプロンをつけてもらう。	・机を拭いて消毒し，衛生的な環境を整える。 ・手を洗い終えていない子どもの名前を呼び，全員が手洗いできるようにする。 出入口　ロッカー 机 机 棚 机 机 出入口	・丁寧に手が洗えるように，「ゴシゴシしてね」と洗い方を伝える。 ※机の上にエプロンを置くことで，子ども自身がどこに座ればよいかがわかるように工夫されていた。 ※アレルギー除去食には印が付けてあり，少し席を離して食事をしていた。誤食が起きないように十分に配慮されていることを学んだ。
11：20	○給食を食べる。 ・配膳を待つ。 ・「いただきます」の挨拶をする。 ・給食を食べる。 ・「ごちそうさま」の挨拶をして，おし	① ・配膳をしている間に献立を伝えることで，食事を楽しみにしながら待てるようにする。 ・子どもが食べやすいように，お皿の位置を変えたり，手を添えてスプーンの持ち方を伝えたりする。 ② ・「Aちゃんのお皿ピカピカだね」と友達が食べている様子を伝えることで，他の子どもも食べる意欲が持てるようにする。 ③ ・お皿に少量残っている食べ物を「集まれしようね」と言葉かけしてまとめることで，スプーンですくいやすくし，残さず食べられるようにする。 ・苦手な食べ物に挑戦する姿を認め，また食べてみようとする気持ちが持てるようにする。	・配膳を待っている子どもに「おいしそうだね」と言葉かけし，落ち着いて待てるようにする。 ※食べやすいように，カレーを混ぜてから配膳していた。自分で食べる意欲を大切にしていると考えた。 ・「おいしいね」と言葉を交わしながら，楽しい雰囲気の中で食べられるようにする。 ・自分で手や口を拭く姿を認めながら仕上げ拭きをし，きれいになった心地良さが感じられるようにする。 ※保育者が傍で見守ることで，食事がゆっくりの子どもも最後まで落ち着いて食べられることに気づいた。

献立を知ることで，給食が楽しみになります。料理の名前，味，栄養などをわかりやすく伝えることで，食べ物への興味を育てることにもつながります。

残さずに食べられた自信や満足感が，食べることへの興味や自分で食べることへの意欲を育てます。

苦手な食材がある子ども，食欲がない子ども，遊び食べをする子どもなどがいます。「自分も食べよう」という気持ちを持てるように，他の子どもの様子を伝えて励まします。

●こんなことにも目を向けてみましょう 🖉 ///////////////////////////////////////

手を洗う・手と顔を拭く

きれいになったら、ご飯食べようね

・清潔にすることの心地良さが感じられるようにします。
「きれいになったね」と言葉かけし，心地良さを感じられ
るように配慮します。
・「なぜ手を洗うのか」を繰り返し伝えることで，その意味
が次第に理解できるようになります。
・「手を洗ったら，ご飯食べようね」と次の活動を伝えるこ
とで，見通しを持って行動できるようになっていきます。

食べる姿勢

・食べ物が喉につまることを防ぐために，食べる姿勢にも気を配ります。
・次の食べものを入れる時に，口の中にまだ食べ物が入っていないか確認し，適切な量を口に
できるようにします。
・椅子が高かったり，姿勢が保ちにくい場合は，足元にブロックを置いたり，背中にクッショ
ンを入れたりすることで，姿勢が安定するようにします。

かみかみ，モグモグ

・「かみかみ（モグモグ）しようね」と言葉かけして，食べる意欲が持てるようにします。
・よく噛んで食べる習慣や噛む力を育てることにもつながります。

挨拶の意味

モグモグしようね

・「いただきます」「ごちそうさまでした」の挨拶を行うこと
で，気持ちが切り替えられるようにします。
・挨拶を繰り返し行うことで，食事のマナーが身についてい
きます。

スプーンの持ち方の育ち

・指や手首の発達や目と手の協応に応じて，スプーンの使い方も異なります。子どもの育ちを
適切に捉え，見通しを持ちながら援助をしていくことが大切です。

1歳頃

2歳頃

2歳後半頃

〈参考文献〉
・平成27年度教育・保育施設等の事故防止のためのガイドライン等に関する調査研究事業検討委員会
「教育・保育施設等における事故防止及び事故発生時の対応のためのガイドライン」2016年

― 午睡の場面 ―

1歳児の午睡の様子

　午睡までの流れがわかるようになり，保育者に手伝ってもらいながら排泄や着替えをし，自分の布団に行けるようになります。入眠するまでの時間や方法の個人差に配慮しながら，特定の信頼できる保育者が寝かしつけるようにします。

　絵本を読み聞かせする，子守唄をうたう，オルゴールの曲を流すなどしながら，ゆったりとした雰囲気をつくって眠りに誘います。

●実習日誌を修正してみましょう ✎

時間	子どもの活動	保育者の援助・環境構成	実習生の動き・気づき
	午睡から起床までの実習のねらい　午睡時の1歳児の姿と一人一人の睡眠に配慮した援助について学ぶ。		
11：40	○午睡の準備をする。 ・給食を食べ終えた子どもから順に排泄をする。 ・午睡のために着替えをする。 ・自分で着替えようとするが，服の前後や手の通し方で戸惑う姿が見られる。	・一人一人の排泄に応じて，トイレやオマルに誘う。 ・トイレの前にマットを敷いておくことで，子どもが床に座りながら，衛生的に脱ぎ履きができるようにする。 ①・子どもが自分で着替えができるところまで見守りながら，必要に応じて援助する。 （環境図：畳／ロッカー／布団×6／トイレ／オマル／マット／出入口×2）	③※「おしっこでた」と伝えてくる子どもには，「おしっこでたね。気持ちよかったね。」と言葉を添えて受け止め，排泄した心地良さが感じられるようにしていた。 ※着替えができて嬉しそうな子どもに，「できたね」と声をかけて一緒に喜んでいた。 ・いつも子どもが寝ている場所を保育者に確認しながら，布団を敷く。 ※トントンを嫌がるA児は，手を握ると安心して眠れることを教えていただいた。それぞれの子どもに応じた寝かしつけが大切であることを学んだ。
12：00	○午睡をする。 ・なかなか寝つけずに，機嫌が悪くなる子どもがいる。 ・途中で眠りが浅くなり，泣く子どもがいる。	②寝つき方や体調を見ながら，子どもの体をトントンしたり，頭をなでたりする。 ・途中で目が覚めて泣いている子どもの傍に行き寄り添うことで，再度入眠できるようにする。 ・早く目が覚めて眠れない子どもには，「お布団でゴロゴロしようね」と声をかけ，休息が取れるようにする。	※事故防止のためのチェックリストがあり，10分毎にブレスチェックや顔色などを確認し，記録されていた。子どもの命を預かっていることを実感した。

●文章を考えてみましょう 🖉 //

①を修正してみましょう

【修正前】子どもが自分で着替えができるところまで見守りながら，必
要に応じて援助する。

> 子どもが自分で着替えができるところまで見守りながら，
>
>
>

▌ 実習日誌では，保育者がどのように子どもに関わっているかを具体的に書く
ことが大切です。「自分でやりたい」「自分でできた」という気持ちを大切に
するために，保育者はどのように援助をしているかを具体的に書いてみまし
ょう。

②を修正してみましょう

【修正前】寝つき方や体調を見ながら，子どもの体をトントンしたり，
頭をなでたりする。

> 寝つき方や体調を見ながら，子どもの体をトントンしたり，頭をな
> でたりすることで，
>
>

▌ 子どもが入眠するまで，体を「トントン」したり，頭をなでたりするのはな
ぜでしょうか？保育の意図を書き加えましょう。

③を修正してみましょう

【修正前】着替えができて嬉しそうな子どもに，「できたね」と声をかけ
て一緒に喜んでいた。

> 着替えができて嬉しそうな子どもに，「できたね」と声をかけて一
> 緒に喜んでいた。
>
>

▌ 保育者と子どものやりとりから，どのようなことを考えたか，何を学んだか
を書き加えましょう。

●1歳児の午睡の場面での保育のポイント ✎ //

　一人一人の発達や生活状況に応じて午睡ができるように配慮しながら，少しずつ生活リズムを整えられるようにしていきます。同じ場所に布団を敷いたり，午睡までの流れを同じにしたりすることで，見通しが持てるように工夫されていますので，よく観察してみてください。

　午睡の時間は，命に関わる事故が起きやすく，保育者の見守りが欠かせません。午睡中にうつぶせ寝になっている子どもがいたら，仰向けにすることが基本です。午睡マニュアルや保育者間で共有されている留意事項を質問してみると，より学びが深まるでしょう。

●文章の修正例を見てみましょう ✎ //

午睡から起床までの実習のねらい
　午睡時の1歳児の姿と一人一人の睡眠に配慮した援助について学ぶ。

時間	子どもの活動	保育者の援助・環境構成	実習生の動き・気づき
11：40	○午睡の準備をする。 ・給食を食べ終えた子どもから順に排泄をする。 ・午睡のために着替えをする。 ・自分で着替えようとするが，服の前後や手の通し方で戸惑う姿が見られる。 12：00　○午睡をする。 ・なかなか寝つけずに，機嫌が悪くなる子どもがいる。 ・途中で眠りが浅くなり，泣く子どもがいる。	・一人一人の排泄に応じて，トイレやオマルに誘う。 ・トイレの前にマットを敷いておくことで，子どもが床に座りながら，衛生的に脱ぎ履きができるようにする。 ①・子どもが自分で着替えができるところまで見守りながら，手を通しやすいように袖の端を持ったり，ズボンの背中側を持ってさりげなく引き上げたりする。 〔環境図：畳／ロッカー・ロッカー／布団 布団 布団 布団 布団 布団／オマル／トイレ／マット／出入口 出入口〕 ②・寝つき方や体調を見ながら，子どもの体をトントンしたり，頭をなでたりすることで，安心して入眠できるようにする。 ・途中で目が覚めて泣いている子どもの傍に行き寄り添うことで，再度入眠できるようにする。 ・早く目が覚めて眠れない子どもには，「お布団でゴロゴロしようね」と声をかけ，休息が取れるようにする。	③※「おしっこでた」と伝えてくる子どもには，「おしっこでたね。気持ちよかったね。」と言葉を添えて受け止め，排泄した心地よさが感じられるようにしていた。 ※着替えができて嬉しそうな子どもに，「できたね」と声をかけて一緒に喜んでいた。自分でできたという自信が，自ら着替えようとする意欲を育むと考えた。 ・いつも子どもが寝ている場所を保育者に確認しながら，布団を敷く。 ※トントンを嫌がるA児は，手を握ると安心して眠れることを教えていただいた。それぞれの子どもに応じた寝かしつけが大切であることを学んだ。 ※事故防止のためのチェックリストがあり，10分毎にブレスチェックや顔色などを確認し，記録がされていた。子どもの命を預かっていることを実感した。

①「自分でできた」という経験が積み重ねられるように，さりげなく手を添えたり，励ましたりしてサポートしています。

②信頼できる保育者が寄り添ってくれることで，子どもは安心して入眠できます。顔色や体温や発汗等，体調にも気を配ります。

③表情から子どもの気持ちを汲み取って，それに寄り添った言葉かけをすることも大切な援助です。

●こんなことにも目を向けてみましょう 🖉 //////////////////////////////////

衣服の着脱の援助について

「自分でできた」喜びと自信を積み重ねられるように，さりげなく手伝うようにします。

靴下

つま先まで靴下を履かせます。
「靴下履けるかな？」と言葉かけして，
見守り，励まします。

ズボン

背中側をうまく引き上げるのが難しいです。
さりげなく手伝って，はみ出している下着や
Tシャツを整えます。

Tシャツ

後ろ前になったり，
頭が上手く通らなかったりします。
前側を下向きにして置いたり，
頭まで着せたりしています。

0～2歳児の午睡の時間に保育者が気をつけていること

> **SIDS を防ぐために**
> ☑ 仰向けで寝かせる
> ☑ 定期的にブレスチェックをする
> ・0歳児（5分毎），1～2歳児（10分毎）に観察
> ・チェックポイント
> 　顔色，唇の色，呼吸の有無，呼吸の状態（呼吸音，咳など），
> 　体温・発汗，うつぶせ寝になっていたら仰向け寝にする
> ☑ 睡眠チェック表に，その都度記録する

> **睡眠環境を整えるポイント**
> ☑ 硬めの敷布団・軽い掛布団か
> ☑ 紐状のもの（よだれかけの紐など），タオル，ぬいぐるみなどを置かない
> ☑ 口の中に異物はないか，ミルクや嘔吐物がないか
> ☑ 室内はブレスチェックができる明るさか
> ☑ 室内の温度や換気は適切か　　　　　　　　　　　　　　　など

〈参考文献〉
・平成27年度教育・保育施設等の事故防止のためのガイドライン等に関する調査研究事業検討委員会
　「教育・保育施設等における事故防止及び事故発生時の対応のためのガイドライン」2016年
・大阪市「事故防止及び事故発生時対応マニュアル－基礎編－」2018年

2歳児の発達と保育

発達の特徴と保育のポイント

● 運動・健康について

　歩行が安定し，走る，跳ぶなどの運動機能が発達します。自分がイメージしたように体を動かせるようになり，動物をイメージして跳んだり，少し高いところから跳び下りたりなど動きが活発になります。子どもの興味に応じた遊具を選び，思いきり体を動かして遊ぶ楽しさが感じられるように工夫します。思いがけない行動をすることがあるため，子どもの状態や人数，空間の取り方などに気を配り，安全に十分に配慮することが大切です。

　感染症にかかりやすい時期であるため，日頃の状態を把握して，体調の変化に気づけるようにすることも大切です。

● 生活について

　食事，排泄，衣服の着脱など，身の回りのことを自分でしようとする気持ちが強くなり，大人が手伝おうとすると「自分で」と嫌がることもあります。自分でやりたい気持ちを大切にしながら見守り，できないところや，仕上げを手伝ったりします。服の着脱の仕方，前後，畳み方などを伝えながら，自分でできたという経験ができるように援助します。「〜したら，〜する」といった生活の見通しも少しずつ持てるようになります。

● 遊びについて

　気になる友達ができてきて，傍で遊んだり，一緒に過ごしたりするようにもなります。「大きい・小さい」「長い・短い」など，対比して捉えたり，見立てやつもり遊びを楽しんだりできるようになるため，遊びの幅が広がります。保育者が仲立ちとなって，イメージを伝えたり，役を担ったりすることで，友達との関わりを楽しめるようにします。

育ちをふまえた保育者の援助と文例

● 体を動かすことを楽しめるように

> ・床にテープで丸を描いておくことで，池に落ちないこと
> をイメージしながら体を動かすことを楽しめるようにす
> る。

体を動かす遊びの援助の例
・園庭にタイヤや巧技台などを並べておくことで，登ったり，ジャン
　プしたりなど，様々な動きを楽しめるようにする。
・絵本をイメージしながら，保育者がおばけになって「まてまて」と
　追いかけることで，楽しみながら体を動かすことができるようにす
　る。

● 「自分でやりたい」「自分でできた」を積み重ねる

> ・自分でズボンを履こうとする姿をできるだけ見守りなが
> ら，仕上げ部分をさりげなく手伝うことで，自分ででき
> たという自信が持てるようにする。

履けたね！

自分でやりたい，できたを育てる援助の例
・気乗りしないM児に，「どっちがいいかな」と着たい服を自分で選
　べるようにすることで，気持ちを切り替えられるようにする。
・「ここと，ここと仲良ししてね」服の畳み方を伝えながら見守り，
　できたことを一緒に喜ぶことで，自分で身支度ができた満足感が持
　てるようにする。

● 見立てやつもり遊びを楽しめるように

> ・動物の形をした積み木を手に取って動かす様子に寄り添
> い，それぞれの子どもの思いを言葉で補うことで，動物
> ごっこをイメージしながら一緒に遊べるようにする。

見立てやつもり援助の例
・保育者がお客さん役になることで，毛糸やスポンジ，チェーンリン
　グなどを食べ物に見立てたお店屋さんごっこが楽しめるようにする。
・保育者が共に粘土遊びを楽しみながら，「長くなったね」「丸くなっ
　たね」などの形を伝えることで，イメージを膨らませて様々なもの
　に見立てることを楽しめるようにする。

― 水遊び・プール遊びの場面 ―

2歳児の水遊び・プール遊びの様子

　プールやたらいの中には，魚やボールが浮かんでいます。保育者が手作りしたペットボトルのじょうろもあります。いち早くプールにドボンと入る子どもも入れば，たらいの中のおもちゃを触って遊ぶ子どももいます。保育者が「雨が降ってきたよ」とじょうろで水をかけると，笑顔で「きゃーっ」と喜ぶ姿が見られます。

　「お顔にかかっても大丈夫かな？」と子どもに尋ねながら，一人一人の様子に気を配り，安全に留意して一緒に遊びます。

●実習日誌を修正してみましょう ✐

水遊び・プール遊びの実習のねらい 子どもが水遊びを楽しめるようにするための保育者の言葉かけを学ぶ。			
時間	子どもの活動	保育者の援助・環境構成	実習生の動き・気づき
10：00	○水遊び・プール遊びをする。 ・ビニールプール，たらいで好きな水遊びをする。 ・ビニールプールで，わに歩きを楽しむ子どもがいる。 ・魚すくいや，じょうろなどでの遊びを楽しむ。 ・顔が水に濡れるのを嫌がる子どもがいる。	① 水遊び，プール遊びに不安がある子どもと手をつないで寄り添い，遊んでいる周りの友達の様子を伝える。 （環境構成図：パラソル，たらい×3，水道，身体を拭くタオル，ビニールプール×2，ウッドデッキ） ・魚すくい，網，ペットボトルのじょうろ，ボール，バケツ，コップなど ② ・じょうろから流れる水が体にかかると「きゃー」と嬉しそうに声を上げる子どもに「気持ちいいね」と声をかける。	・魚すくいをする子どもの安全を傍で見守りながら，魚が泳いでいるイメージが持てるように言葉かけする。 ※小さなたらいが複数用意されていて，中に入らずに水遊びをしている姿が見られた。水が苦手な子どもも安心して遊べるように工夫されていると考えた。 ③ ※嫌がる様子がないか子どもの表情や反応を確認しながら，「雨が降ってきたよ」とじょうろで顔や体に少し水がかかるようにしていた。 ※プールの中でわに歩きをする友達を真似て，自分もやってみようと挑戦する姿が見られた。 ※体の冷えや熱中症，鼻水など，一人一人の体調に気を配っていた。疲れている子どもから声をかけて，着替えをするようにしていた。

●文章を考えてみましょう 🖉 ///////////////////////////////////////

①を修正してみましょう

【修正前】水遊び，プール遊びに不安がある子どもと手をつないで寄り
添い，遊んでいる周りの友達の様子を伝える。

> 水遊び，プール遊びに不安がある子どもと手をつないで寄り添い，
> 遊んでいる周りの友達の様子を伝えることで，

▌保育者が寄り添いながら，遊びの様子を伝えてくれることで，子どもはどの
ような気持ちになるでしょうか？

②を修正してみましょう

【修正前】じょうろから流れる水が体にかかると「きゃー」と嬉しそう
に声を上げる子どもに「気持ちいいね」と声をかける。

> じょうろから流れる水が体にかかると「きゃー」と嬉しそうに声を
> 上げる子どもに「気持ちいいね」と声をかけることで，

▌「気持ちいいね」と声をかけることで，子どもにどのような気持ちが育つこ
とを願っているのでしょうか？保育の意図を考えてみましょう。

③を修正してみましょう

【修正前】嫌がる様子がないか子どもの表情や反応を確認しながら，「雨
が降ってきたよ」とじょうろで顔や体に少し水がかかるよう
にしていた。

> 嫌がる様子がないか子どもの表情や反応を確認しながら，「雨が降っ
> てきたよ」とじょうろで顔や体に少し水がかかるようにしていた。

▌なぜ顔や体に少し水がかかるようにしたのでしょうか？このような関わりに
は，どのような保育の意図があるか，自分の考えを文章にして書き加えてみ
てください。

●2歳児の水遊び・プール遊びの場面での保育のポイント ✐ ////////////

　水遊びが大好きな子どもが多いですが，顔に水がかかることはまだ苦手な姿も見られます。そのため，ビニールプールだけでなく，たらいも用意して，思い思いに遊べるような環境の工夫がされています。バケツ，コップなどを使って水を移し替えることを楽しんだり，じょうろで水を流すことを繰り返し楽しんだり姿が見られます。保育者は，子どもの動きを真似たり，見立てを伝えたりしながら，安全に配慮して一緒に遊びます。遊びながら体や顔に自然と水がかかる経験を重ねることで，少しずつ水に慣れていけるように援助がなされています。

●文章の修正例を見てみましょう ✐ ////////////

水遊び・プール遊びの実習のねらい 　子どもが水遊びを楽しめるようにするための保育者の言葉かけを学ぶ。			
時間	子どもの活動 ①	保育者の援助・環境構成	実習生の動き・気づき
10：00	○水遊び・プール遊びをする。 ・ビニールプール，たらいで好きな水遊びをする。 ・ビニールプールで，わに歩きを楽しむ子どもがいる。 ・魚すくいや，じょうろなどでの遊びを楽しむ。 ・顔が水に濡れるのを嫌がる子どもがいる。	・水遊び，プール遊びに不安がある子どもと手をつないで寄り添い，遊んでいる周りの友達の様子を伝えることで，安心して遊びが始められるようにする。 （環境図：パラソル／たらい×3／水道○／身体を拭くタオル／ビニールプール×2／ウッドデッキ） ・魚すくい，網，ペットボトルのじょうろ，ボール，バケツ，コップなどを用意しておく。② ・じょうろから流れる水が体にかかると「きゃー」と嬉しそうに声を上げる子どもに「気持ちいいね」と声をかけることで，水の心地良さを感じられるようにする。	・魚すくいをする子どもの安全を傍で見守りながら，魚が泳いでいるイメージが持てるように言葉かけする。 ※小さなたらいが複数用意されていて，中に入らずに水遊びをしている姿が見られた。水が苦手な子どもも安心して遊べるように工夫されていると考えた。③ ※嫌がる様子がないか子どもの表情や反応を確認しながら，「雨が降ってきたよ」とじょうろで顔や体に少し水がかかるようにしていた。少しずつ水に慣れるための援助であると考えた。 ※プールの中でわに歩きをする友達を真似て，自分もやってみようと挑戦する姿が見られた。 ※体の冷えや熱中症，鼻水など，一人一人の体調に気を配っていた。疲れている子どもから声をかけて，着替えをするようにしていた。

（吹き出し①）友達の楽しそうな様子を見て，安心できるように配慮します。「やりたい遊びが見つけられるようにする」という文章も考えられます。

（吹き出し②）子どもが感じていることを推測して，言葉にします。水の感触が心地良く，水遊びが楽しいと思えるように，言葉かけの工夫をすることが大切です。

（吹き出し③）遊びながら，自然と水に慣れることができるような工夫がされています。

●こんなことにも目を向けてみましょう ✐ ////////////////////////////////////

１・２歳児の水遊び・プール遊びを通した学びの例

冷たい・温かい・水って気持ち良い

形が変わって不思議

キラキラ・透き通って綺麗

どうやったら上手く汲めるの？

保育者や友達と遊ぶって楽しい

発達に適した遊び

ペットボトルシャワー
・ペットボトルで作ったじょうろで，水を撒いて楽しむ。

魚・風船すくい
ポイで魚を掬ったり，風船の中の水の感触を楽しんだりする。

色水遊び
色水遊びを通して，水で遊ぶ楽しさを感じられるようにする。

安全管理

・活動前に，遊び方のルールを子どもと確認する。

・活動前に体調の確認をし，活動中も体調の変化に留意する。

・パラソルやシェードで日陰をつくり，帽子を被るようにする。

・保育者同士で役割を確認し，監視役を決める。監視役は，それに専念する。

・AED を設置し，事故対応に備えて携帯電話を近くに置いておく。　　　　など

― 散歩の場面（9月）―

2歳児（9月）の散歩の様子

友達や保育者と手をつなぎ，列になって，馴染みのある散歩コースを歩きます。散歩の途中で，草花や生き物を発見したり，自動車や近所の人とすれ違ったりなど，様々なものや人に出会う子どもの姿を想像してみてください。子どもの興味を大切にした保育者の援助や安全への配慮を考えてみましょう。

●散歩の場面の実習日誌を修正してみましょう

時間	子どもの活動	保育者の援助・環境構成	実習生の動き・気づき
10：00	○散歩の身支度をする。 ・排泄をする。 ・帽子を被る。 ・靴を履く。	・散歩に出かけることを伝え，排泄をして帽子を被るように伝える。 ・排泄を終えた子どもに，次の行動を問いかけ，見通しが持てるようにする。 ・自ら靴を履こうとする姿を見守りながら，必要に応じて，靴の左右やマジックテープの止め方を伝え，しっかり履けるように補助をする。	・一人一人の排泄の状況を確認しながら，まだ排泄を終えていない子どもに声をかける。 ・帽子を上手く被れていない子どもに声をかけ，しっかりと被れるように援助する。 ※「自分でやりたい」気持ちや，「自分でできた」という経験を大切にした保育者の援助を学んだ。
10：10	○散歩に出かける。 ・友達や保育者と手をつなぎ，列になって並ぶ。 ・植物や虫など，興味を持ったものを指さしたり，言葉にしたりする。 ・自動車に気づいて，保育者に伝える子どももいる。	・並んで友達を待っている子どもに，今日の散歩コースの話をすることで，歩くことを楽しみする気持ちが持てるようにする。 ・子どもの人数と体調を確認し，全員が帽子を被っているか確認する。① ・散歩に出かける前に，離れずに歩くこと，前の友達を抜かさないこと，交通ルールなどを確認する。② ・植物や虫などを発見して喜んだり，驚いたりする姿を受け止め，名前や様子を言葉にして伝える。 ・信号や横断歩道がある場所では，交通ルールを説明し，保育者が手本となるようにする。	・保育者の話をもとに，子どもたちと散歩について話をする。 ※歩くペースや日頃の様子をもとに，手をつなぐペアをつくっていると教えていただいた。安全に散歩するための配慮であることを学んだ。 ・子どもと一緒に楽しく散歩する。③ ※常に車や自転車，歩行者に注意を向け，保育者がお互いに声をかけ合いながら安全に留意していることに気づいた。 ※車両が通るときは，子どもに立ち止まるよう伝え，保育者が手を広げて示すことで，道路に飛び出さないように留意していた。

●文章を修正してみましょう ✏ //////////////////////////

①を修正してみましょう

【修正前】散歩に出かける前に，離れずに歩くこと，前の友達を抜かさ
ないこと，交通ルールなどを確認する。

> 散歩に出かける前に，離れずに歩くこと，前の友達を抜かさないこ
> と，交通ルールなどを確認することで，

▌ なぜ散歩に出かける前に約束事や交通ルールを確認するのでしょうか？保育
の意図を考えてみましょう。

②を修正してみましょう

【修正前】植物や虫などを発見して喜んだり，驚いたりする姿を受け止
め，名前や様子を言葉にして伝える。

> 植物や虫などを発見して喜んだり，驚いたりする姿を受け止め，名
> 前や様子を言葉にして伝えることで，

▌ 子どもが植物や虫などを見つけた時，保育者はなぜ「○○がいたね」「赤い
色だね」「前より大きくなっているね」などを言葉にして子どもに伝えるの
でしょうか？意図を考えてみましょう。

③を修正してみましょう

【修正前】子どもと一緒に楽しく散歩する。

▌ 実習生自身が楽しむことも大切ですが，「自分が保育者だったら」子どもに
どのような経験をしてほしいかを考えて文章にすることがポイントです。

●2歳児（9月）の散歩の場面での保育のポイント 🖉 ////////////////////////////////

　散歩は，体力増進だけでなく，身近な動植物，自然の事象，身近な人々の生活等にふれることができる良い機会となります。「犬がいる家」「おばけが出そうなクネクネ道」「田んぼ」「お店」など，散歩の途中にも，子どもたちが楽しいと感じる場所があります。保育者は，子どもの興味や発見を大切にし，言葉を添えて共感したり，友達と面白さを共有したりできるようにすることで，身近な環境への興味が持てるように援助することがポイントとなります。

　散歩の際は，安全への十分な配慮も必要となります。また，子どもが「健康，安全な生活に必要な習慣に気づき，自分でしてみようとする気持ち」が育つようにすることも大切です。

●文章の修正例を見てみましょう 🖉 ////////////////////////////////

時間	子どもの活動	保育者の援助・環境構成	実習生の動き・気づき
10：00	○散歩の身支度をする。 ・排泄をする。 ・帽子を被る。 ・靴を履く。	・散歩に出かけることを伝え，排泄をして帽子を被るように伝える。 ・排泄を終えた子どもに，次の行動を問いかけ，見通しが持てるようにする。 ・自ら靴を履こうとする姿を見守りながら，必要に応じて，靴の左右やマジックテープの止め方を伝え，しっかり履けるように補助をする。	・一人一人の排泄の状況を確認しながら，まだ排泄を終えていない子どもに声をかける。 ・帽子を上手く被れていない子どもに声をかけ，しっかりと被れるように援助する。 ※「自分でやりたい」気持ちや，「自分でできた」という経験を大切にした保育者の援助を学んだ。
10：10	○散歩に出かける。 ・友達や保育者と手をつなぎ，列になって並ぶ。 ・植物や虫など，興味を持ったものを指さしたり，言葉にしたりする。 ・自動車に気づいて，保育者に伝える子どもがいる。	・並んで友達を待っている子どもに，今日の散歩コースの話をすることで，歩くことを楽しみする気持ちが持てるようにする。 ・子どもの人数と体調を確認し，全員が帽子を被っているか確認する。 ① 散歩に出かける前に，離れずに歩くこと，前の友達を抜かさないこと，交通ルールなどを確認することで，安全に気をつけようとする気持ちが持てるようにする。 ② ・植物や虫などを発見して喜んだり，驚いたりする姿を受け止め，名前や様子を言葉にして伝えることで，身近な自然への興味が高まるようにする。 信号や横断歩道がある場所では，交通ルールを説明し，保育者が手本となるようにする。	・保育者の話をもとに，子どもたちと散歩について話をする。 ※歩くペースや日頃の様子をもとに，手をつなぐペアを作っていると教えていただいた。安全に散歩するための配慮であることを学んだ。 ③ ・散歩をしながら，周囲の自然や施設などを話題にすることで，身近な環境に目が向けられるようにする。 ※常に車や自転車，歩行者に注意を向け，保育者がお互いに声をかけ合いながら安全に留意していることに気づいた。 ※車両が通るときは，子どもに立ち止まるよう伝え，保育者が手を広げて示すことで，道路に飛び出さないように留意していた。

安全な生活に必要な習慣を，子どもが少しずつ身につけられるようにすることを意図しています。

このような保育者の関わりは，子どもの身近な環境への興味・関心を育てることにつながります。

「いい天気だね」「○○があるね」などを言葉にして伝え，応答的に関わることで，身近な環境への興味が広がります。

●こんなことにも目を向けてみましょう ✐ //

散歩で経験できること

その他にも，どのような経験ができるか考えてみましょう！

【体力増進，運動能力の向上】
食欲が出たり，リフレッシュになったりします。

坂道GO!

【季節によって変化する身近な自然に出会う】
身近な自然への興味・関心を育みます。

大きくなってる！

こんにちは！

こんにちは！

近くの畑でとれたんだよ！

えーっ！

スーパー

【地域で暮らす人と出会う】　　　　　　　　　　　【地域の様々な施設に出会う】
地域への親しみや，身近な社会とのつながりを感じられるようにします。

保育者の連携

散歩にあたって，保育者は，最前列，中間，最後尾に分かれて歩きます。最前列で全体をリードする保育者，子ども同士の間隔が開いた時に対応する保育者，最後尾で全体を確認する保育者といったように，連携をしながら保育が行われています。保育者同士で声をかけ合って，安全に散歩ができるように工夫がされています。

「お散歩マップ」

園内に「お散歩マップ」を見つけたら，どんな情報が載っているが確認しましょう。これを見れば，園の特色や地域の魅力がよくわかります。人気のスポットが掲載されている「お散歩マップ」であれば，地域の特色をどのように保育に生かしていくかを学ぶこともできるでしょう。

3歳児の発達と保育

発達の特徴と保育のポイント

運動について

歩く，走る，跳ぶ，押す，引っ張る，投げる，転がる，ぶら下がる，またぐ，蹴るなど，基本的な運動機能が育ち，全身を使って活発に遊ぶようになります。3歳児の後半からは，「～しながら，～する」ということができるようになり，片足で立って，前に進むケンケンや，三輪車のハンドルを握りながら，ペダルをこげるようになります。様々な動きを経験することで，体の動きをコントロールしたり，身体感覚を高めたりできるようにしていきます。

生活について

食事，排泄，睡眠，衣類の着脱などの基本的な生活習慣もある程度自立します。「自分でできる」という意識が芽生え，自分でやってみたいという気持ちが強くなる時期です。個人差に配慮しながら，自分でやろうとする姿を見守り，励ましたり，認めたりする関わりを大切にします。身支度，排泄，片付けなど，子どもが自分でやりやすいように，個人のマークを付ける，イラストや写真で片付ける場所が視覚的に理解できるようにする，動線に配慮するなどの工夫がされています。

うさぎのマークよ

言葉・遊びについて

3歳を過ぎると語彙が増えて，自分の経験を言葉で伝えることができるようになります。知的な好奇心も高くなり，「なぜ？」「どうして？」といった質問が増えます。「なぜだろうね？」と子どもと一緒に考えることを楽しむ姿勢を大切にします。平行遊びが見られる時期ですが，遊具を仲立ちとして友達と関わることを通して，少しずつきまりを守ったり，イメージを共有したりして遊べるようになっていきます。

なんでだろうね

なんで？ どうして？

育ちをふまえた保育者の援助と文例

● 自分でやりたい気持ちを丁寧に受け止めて

・連絡帳を置く机を用意し，日付と貼る場所を一緒に確認することで，自分で出席シールを貼れた喜びを感じられるようにする。

今日のシールはここ？

自分でやりたい気持ちへの援助の例
・給食の準備の手伝いをしたいという気持ちを受け止め，机や椅子などを友達と一緒に運べるように援助する。

● 基本的な生活習慣の自立が進むように

・登園後の身支度を自分でしようとする姿を見守りながら，必要に応じて励ましたり，認めたりすることで，自分でしようとする意欲が持てるようにする。

タオル
ここだよね！

基本的な生活習慣の自立に向けた援助の例
・子どもの机やロッカー，水筒などに，個人のマークを付けて自分の持ち物や場所がわかるようにしていくことで，自ら進んで行動できるようにする。

● 友達と一緒が楽しいと感じられるように

・気の合う友達と一緒に遊ぶ中で，トラブルが起きた場合には，それぞれの気持ちを伝えることで相手の思いに気づけるようにする。

ダメ！　私が使ってた！

友達と一緒が楽しいと感じられるようにする援助の例
・保育者が仲立ちとなって一人一人の思いを伝えることで，友達と一緒に好きな遊びを楽しめるようにする。
・遊びの中での興味や気づきを受け止め，友達と共有できるようにすることで，共に過ごす楽しさを感じられるようにする。
・ブランコの順番や回数について見通しを持てるような言葉かけをすることで，友達と一緒に遊ぶために必要なきまりに気づけるようにする。

― 登園から好きな遊びまで（6月）―

3歳児（6月）の登園から好きな遊びまでの様子

　幼稚園の場合，初めて集団生活を経験する子どももいます。この頃には，園生活に少し慣れて，所持品の始末の仕方がわかり始める時期ですが，不安になったり，友達の遊びに気を取られて身支度が進まなかったりする子どももいます。語彙が増え，自分の思いを保育者に伝えようとしながら遊びます。保育者は，子どもと一緒に遊びながら，楽しさを共有したり，友達と関わるきっかけをつくったりしています。

水筒を
置いて。

●実習日誌を修正してみましょう 🖉

登園から好きな遊びまでの実習のねらい
子どもが安定して過ごせるようにするための環境構成や保育者の関わりを学ぶ。

時間	子どもの活動	保育者の援助・環境構成	実習生の動き・気づき
9：00	○登園する。 ・挨拶をする。 ・所持品の始末をする。 ・出席ノートにシールを貼る。 ・友達の遊びの様子が気になって，身支度が進まない子どもがいる。	・一人一人に笑顔で挨拶をしながら，視診を行う。 ・所持品の始末やシール貼りが進まない子どもには「次は何をするのかな」と言葉かけし，見通しが持てるようにする。 ③ （環境図：ままごと／ブロック／ぬりえ／ピアノ／絵本／ロッカー／出入口）	※保護者が保育者と笑顔で話をする様子を見ることで，子どもが安心することに気がついた。 ・所持品の始末をする子どもを見守りながら，励ましたり，できたことを認めたりする。 ※身の回りの始末については，個人差が大きいため，保育者が手を添えて，やり方を見せることも大切だと学んだ。 ・好きなものを作る姿を見守りながら，でき上がったものを認めたり，実習生が作ったものを見せたりすることで，ブロックでの遊びに意欲が持てるようにする。
9：30	○好きな遊びをする。 ・ままごと，ブロック，ぬりえなど，好きな遊びをする。 ・友達の使っているものが欲しくなり，取り合いになる姿が見られる。	① ・ままごとに加わり，お客さんの役を演じながら，イメージを受け止めたり，子どもの思いを言葉にしたりする。 ② ・トラブルの際には，それぞれの子どもの思いを言葉にして伝える。	※保育者は，まだ自分の思いを上手く言葉にできない子どもの話にじっくりと耳を傾け，受け止めていた。このような関わりが，子どもの安心感につながるのだと考えた。

●文章を考えてみましょう ✏ //////////////////////////////////

①を修正してみましょう

【修正前】ままごとに加わり，お客さんの役を演じながら，イメージを受け止めたり，子どもの思いを言葉にしたりする。

> ままごとに加わり，お客さんの役を演じながら，イメージを止めたり，子どもの思いを言葉にしたりすることで，

▌保育者がままごとに加わることで，遊びがどのように展開されることを期待しているでしょうか？保育の意図を考えてみましょう。

②を修正してみましょう

【修正前】トラブルの際には，それぞれの子どもの思いを言葉にして伝える。

> トラブルの際には，それぞれの子どもの思いを言葉にして伝えることで，

▌「○○ちゃんが使っているのね」「△△ちゃんも使いたいのね」など，お互いの子どもの思いを伝えるのはなぜでしょうか？意図を考えてみましょう。

③を修正してみましょう

【修正前】所持品の始末をする子どもを見守りながら，励ましたり，できたことを認めたりする。

> 所持品の始末をする子どもを見守りながら，励ましたり，できたことを認めたりすることで，

▌所持品の始末の仕方が少しずつわかるようになってきた子どもたちですが，実習生が近くで見守ってくれるだけで安心感が持てるようです。そのうえで，励ましたり，できたことを認められたりすると，子どもはどんな気持ちになるでしょうか？

●3歳児（6月）の登園から好きな遊びまでの場面での保育のポイント ✎ ///

　保育者が近くにいることで安心し，身の回りのことを自分でやろうとする姿が見られるようになります。「自分でやりたい」という思いを大切にしながら，困っている時には保育者が一緒に行うようにすることで，自信を持てるようにしていきます。

　保育者をよりどころとしながら遊びや生活を広げていく時期であるため，一人一人が安心して過ごせるようにするための援助に目を向けてみましょう。

●文章の修正例を見てみましょう ✎ //

登園から好きな遊びまでの実習のねらい 　子どもが安定して過ごせるようにするための環境構成や保育者の関わりを学ぶ。		
時間	子どもの活動	保育者の援助・環境構成	実習生の動き・気づき

時間	子どもの活動	保育者の援助・環境構成	実習生の動き・気づき
9:00	○登園する。 ・挨拶をする。 ・所持品の始末をする。 ・出席ノートにシールを貼る。 ・友達の遊びの様子が気になって，身支度が進まない子どもがいる。	・一人一人に笑顔で挨拶をしながら，視診を行う。 ・所持品の始末やシール貼りが進まない子どもには「次は何をするのかな」と言葉かけし，見通しが持てるようにする。　③ ままごと　絵本 ブロック　ぬりえ　ロッカー ピアノ　出入口	※保護者が保育者と笑顔で話をする様子を見ることで，子どもが安心することに気がついた。 ・所持品の始末をする子どもを見守りながら，励ましたり，できたことを認めたりすることで，自分でしようとする気持ちが持てるようにする。 ※身の回りの始末については，個人差が大きいため，保育者が手を添えて，やり方を見せることも大切だと学んだ。
9:30	○好きな遊びをする。 ・ままごと，ブロック，ぬりえなど，好きな遊びをする。　① ・友達の使っているものが欲しくなり，取り合いになる姿が見られる。　②	・ままごとに加わり，お客さんの役を演じながら，イメージを受け止めたり，子どもの思いを言葉にしたりすることで，友達と過ごす楽しさを感じられるようにする。 ・トラブルの際には，それぞれの子どもの思いを言葉にして伝えることで，友達の思いに気づけるようにする。	・好きなものを作る姿を見守りながら，でき上がったものを認めたり，実習生が作ったものを見せたりすることで，ブロックでの遊びに意欲が持てるようにする。 ※保育者は，まだ自分の思いを上手く言葉にできない子どもの話にじっくりと耳を傾け，受け止めていた。このような関わりが，子どもの安心感につながるのだと考えた。

> ① 保育者が一緒に遊びながら，友達の存在に気づき，関わりが生まれるようにしていきます。

> ② 保育者が良い，悪いを判断するのではなく，共感しながらそれぞれの子どもの思いを聞き出して状況を整理します。
受け止めてもらうことで，気持ちが落ち着き，相手の思いに目が向けることができます。

> ③ 保育者や実習生が近くで見守っていることで安心し，自分でしようとする姿が見られるようになります。
励まされたり，認められたりすることが，意欲へとつながります。

●こんなことにも目を向けてみましょう

3歳児のごっこ遊びの姿と援助

3歳児のごっこ遊び

　ままごと，お店屋さん，お医者さん，ヒーローごっこ，お姫様ごっこなど，ごっこ遊びは子どもに人気の遊びの一つです。ごっこ遊びを行うには，設定に合わせて役割を演じたり，友達とイメージを共有してやりとりをしたりすることが必要になります。しかし，3歳児のごっこ遊びは，役割や設定があまり明確ではなく，変化していくことが多いのが特徴の一つです。

　思い思いに役になりきって遊ぶことができるようにすることを大切にしたい時期です。

保育者の関わり

　保育者は，子どもの遊びに加わりながら，遊びのイメージを膨らませたり，共有できるようにしたりなどの援助をしています。例えば，子どもが差し出したカレーを食べる仕草をしながら，「このカレーは熱々ですね」と息を吹きかけたり，「辛いですね」と味を伝えたりする関わりは，よく見受けられます。

　その他にも，物を見立てたり，造形活動に発展したりすることを意図して，「じゃがいもたっぷりのカレーはありますか？」というような言葉かけることもあります。子ども同士が関わりを持ち，一緒に遊ぶ楽しさを感じられるようにしています。

環境構成の工夫

・見立てやすい物や材料を用意する。

　　・段ボールや色紙
　　　せんべいやピザに
　　・新聞ボール
　　　イチゴやアイスに
　　・毛糸や綿の紐
　　　うどんやラーメンに

・役になりやすくする衣装や小道具を整える。

エプロン　　スカート　　　　　マント
　　　　　　　　　　　　　　　マイク
　　　　　　　　　　　　　　　ハンカチなど

・お店やステージなどの遊び場を作る。

大小のブロック

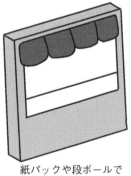

紙パックや段ボールで
つくったお店

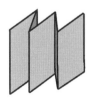

つい立て

― 砂遊びの場面 ―

3歳児の砂遊びの様子

　保育者が山や池を作っていると，砂場に興味を持った子どもたちが集まってきます。バケツで水を汲んで，池に入れることを繰り返す姿や，山に裸足で登って土の感触を楽しんだり，スコップで黙々と掘ったりなど，それぞれが思い思いに遊びます。

　「先生見て」「○○できたよ」と自分の思いを伝えようとする姿を受け止めながら，保育者も一緒に遊びます。

おいしそう！
カレー出来た！

●実習日誌を修正してみましょう ✎

砂遊びの実習のねらい			
3歳の砂遊びの特徴と環境構成の工夫について学ぶ			
時間	子どもの活動	保育者の援助・環境構成	実習生の動き・気づき
9：30	○好きな遊びをする。〈戸外〉・砂遊び，ままごと，三輪車，三輪スクーター，手押し車・好きな遊びを見つけて，思い思いに楽しむ。・友達の遊びに興味を示しているが，手や洋服が汚れるのを嫌がって眺めている姿が見られる。	① ・前日までの遊びの様子をふまえて，子どもの目に留まりやすいところに遊具や用具をだしておく。 ② ・砂場に山を作ったり，池を作ったりして遊ぶ姿を子どもに見せる。 ③ ・「先生見て」と伝えてくる姿を受け止め，面白いと感じていることを周りの子どもにも伝える。 ・手や洋服が汚れることを嫌がる子どもには，他の子どもの様子を伝えたり，保育者がやって見せたりすることで安心して遊べるように配慮する。	・保育者の指示を受けながら，必要な遊具や用具を配置することを手伝う。 ※スコップ，バケツ，筒，じょうろを使って遊んでいた。3歳児が扱いやすい砂遊びの用具であることがわかった。 ※砂場の横に水を溜めたたらいを置いて，すぐに水が汲めるように工夫されていた。水が近くにあることで，遊びが広がっていくことを学んだ。 ※子どもと一緒に遊びながらも，一人一人に目を配り，水分補給をしていない子どもに声をかけていた。熱中症に留意し，安全に遊べるようにすることの大切さを学んだ。

●文章を考えてみましょう ✐ ////////////////////////////////////

①を修正してみましょう

【修正前】前日までの遊びの様子をふまえて，子どもの目に留まりやす
いところに遊具や用具をだしておく。

> 前日までの遊びの様子をふまえて，子どもの目に留まりやすいところに遊具や用具をだしておくことで，
>
> ────────────────────────────

▌前日に遊んでいた遊具や用具を目にした時に，子どもにどんな気持ちになってほしいでしょうか？保育の意図を考えてみましょう。

②を修正してみましょう

【修正前】砂場に山を作ったり，池を作ったりして遊ぶ姿を子どもに見
せる。

> 砂場に山を作ったり，池を作ったりして遊ぶ姿を子どもに見せることで，
>
> ────────────────────────────

▌砂場に山や池を楽しそうに作る保育者を見た時の子どもの反応を想像して，保育の意図を考えてみてください。

③を修正してみましょう

【修正前】「先生見て」と伝えてくる姿を受け止め，面白いと感じている
ことを周りの子どもにも伝える。

> 「先生見て」と伝えてくる姿を受け止め，面白いと感じていることを周りの子どもにも伝えることで，
>
> ────────────────────────────

▌「○○ちゃんが○○したんだって」「○○になったって，面白いね」などと，友達の遊びの様子や気づきを伝える姿を想像してください。それを聞いた子どもは，どんな様子になるでしょうか？

●3歳児の砂遊びの場面での保育のポイント ✏ ///////////////////////////////////

　砂のように可塑性に富んだ素材は，子どもの様々な興味に応えてくれます。砂の感触，水を加えた時の変化，温度の違い，重さなど，砂遊びを通した子どもの学びは多様です。保育者は，子どもが何を楽しんでいるかを読み取りながら，それを受け止め楽しさを共有することで安心して遊べるように援助します。保育者が楽しそうに遊ぶ姿や，子どもの気づきを周りの子どもに伝えることで，子ども同士の関わりが生まれるように配慮することが大切です。

　砂遊びって楽しい，友達と一緒に遊ぶと面白いと感じられるようにすることがポイントです。

> 楽しかった遊びが継続できるように環境を工夫します。
> 遊び始めるきっかけが見つけやすくなるように，あえて遊んでいる途中のような環境をつくることもあります。

●文章の修正例を見てみましょう ✏ //////////

砂遊びの実習のねらい
　3歳児の砂遊びの特徴と環境構成の工夫について学ぶ

時間	子どもの活動	保育者の援助・環境構成	実習生の動き・気づき
9：30	○好きな遊びをする。〈戸外〉 ・砂遊び，ままごと，三輪車，三輪スクーター，手押し車 ・好きな遊びを見つけて，思い思いに楽しむ。 ・友達の遊びに興味を示しているが，手や洋服が汚れるのを嫌がって眺めている姿が見られる。	① ・前日までの遊びの様子をふまえて，子どもの目に留まりやすいところに遊具や用具をだしておくことで，昨日の遊びの続きができるようにする。 ② ・砂場に山を作ったり，池を作ったりして遊ぶ姿を子どもに見せることで，砂遊びに興味が持てるようにする。 ③ ・「先生見て」と伝えてくる姿を受け止め，面白いと感じていることを周りの子どもにも伝えることで，友達との関わりが持てるようにする。 ・手や洋服が汚れることを嫌がる子どもには，他の子どもの様子を伝えたり，保育者がやって見せたりすることで安心して遊べるように配慮する。	・保育者の指示を受けながら，必要な遊具や用具を配置することを手伝う。 ※スコップ，バケツ，筒，じょうろを使って遊んでいた。3歳児が扱いやすい砂遊びの用具であることがわかった。 ※砂場の横に水を溜めたたらいを置いて，すぐに水が汲めるように工夫されていた。水が近くにあることで，遊びが広がっていくことを学んだ。 ※子どもと一緒に遊びながらも，一人一人に目を配り，水分補給をしていない子どもに声をかけていた。熱中症に留意し，安全に遊べるようにすることの大切さを学んだ。

> 保育者が楽しそうに遊ぶ姿を見せることで，子どもたちが自然と集まってきます。
> 保育者は心のよりどころであり，遊びのモデルでもあります。

> 思い思いに遊ぶ姿を大切にしつつ，友達への興味を育てていきます。他の子どもの姿を伝えることで，友達の存在に気づいたり，遊びが発展したりするように援助します。
> 保育者に受け止めてもらえる安心感が，その基盤となります。

●こんなことにも目を向けてみましょう ✎ //

砂遊びを通して，何を楽しんでいるかを捉える視点

　砂遊びには，様々な楽しみ方があります。子どもと関わる際には，「何を楽しんでいるのか」を捉えることが大切になります。その視点の一つとして，以下では，感覚遊び，造形遊び，ごっこ遊びを紹介します。

感覚的な遊び

　砂そのものの感触や，水を加えた時の変化などを楽しむ遊び

（例）

・砂の感触

　（さらさら，ざらざら，冷たい，温かいなど）

・水を加えたときの変化

　（ペタペタ，ギュッギュ，型抜きなど）

造形遊び

　砂そのものや草花，木の実などを使って，「作る」ことを楽しむ遊び

（例）

・砂を見立てて

　（山，ダム，基地，港など）

・型抜きを見立てて

　（プリン，ケーキなど）

・草花をトッピングしたり，混ぜたりして

　（カレー，お好み焼き，ジュースなど）

ごっこ遊び

・作ったものを使って行う遊び

　（ままごと遊び，お店屋さんごっこなど）

環境構成の工夫

・シャベル，スコップ，バケツ，お皿，コップ，とい，パイプなどの道具の場所がわかりやすく，子どもが自分で取り出したり，片付けたりできるように工夫します。

・水場が近くにあることで，遊びが広がります。難しい場合は，たらいなどに水を入れておくようにします。

・草花や木の実，葉っぱなどを用意することで，造形遊び，ごっこ遊びに発展します。

・机や椅子，本物の鍋ややかんなどの物的環境を整えると，遊びが広がります。

4歳児の発達と保育

発達の特徴と保育のポイント

●運動について

　全身のバランスをとりながら巧みに体を動かせるようになり，ケンケンやスキップができるようになります。鉄棒やうんていなど，難しいことに挑戦したい子どもの気持ちを大切にしつつ，安全な遊び方を伝え，事故防止に十分に留意します。

●遊びについて

　じゃんけんやしっぽとりゲームなど，簡単なルールがある遊びができるようになります。想像力も豊かになるため，経験したことや絵本などからイメージを膨らませて，絵や身振りなどで表現したり，友達とイメージを共有しながら，ごっこ遊びを楽しんだりできるようになります。イメージが明確になるような素材，物などを用意したり，遊べる場所を確保したりすることで，活動が充実するように援助します。

●友達との関わりについて

　仲間といることが楽しくなり，つながりが強くなりますが，自己主張がぶつかり合うようなけんかが多くなります。相手の思いに気づいて主張を受け入れたり，受け入れてもらったりする経験を重ねることで，自分の気持ちを調整したり，人と協調し，生活や遊びに必要なきまりを守ることを意識して行動できるようになっていきます。

　「自分」と「他者」の区別がわかるため，自分も他者から見られていることに気づきます。目的を立てて行動し，理想を持つようになりますが，自分を認めてほしい気持ちと，できないかもしれないという不安を抱え，葛藤することもあります。子どもの気持ちに寄り添い，励ます関わりを大切にすることで，他の人の気持ちに気づき，気遣うことができるようになっていきます。

並んでたもん　順番抜かした

育ちをふまえた保育者の援助と文例

● 身近な自然環境に興味を持ち，試したり，気づいたりできるように

・園庭で見つけた幼虫の名前について「図鑑に載ってるかな」と言葉かけし，友達と一緒に色や模様を比べたり，他の種類にも興味を持ったりできるようにする。

身近な自然環境に関わる援助の例
・散歩で拾ってきたどんぐりや松ぼっくりを箱に入れて，遊び方を紹介した絵本と一緒に置いておくことで，これらを使って遊ぼうとする気持ちが持てるようにする。

● ルールを守って遊ぶ楽しさを経験できるように

・保育者も一緒になってしっぽとりゲームを行い，しっぽを取れた喜びや，悔しい気持ちに共感することで遊びの楽しさを感じられるようにする。

ルールのある遊びの援助の例
・それぞれの子どもの楽しみ方を認めながら，よい動きをしている友達を見るように伝えることで，ルールを守って動こうとする気持ちが持てるようにする。
・ブランコの順番でトラブルになっている子どもそれぞれの思いを聞いたり，やり方をみんなで考えたりすることで，ルールを守る大切さを感じられるようにする。

● グループ活動での育ちを大切にして

・大型積み木を並べて家作りに取り組む中で，必要に応じてイメージを問いかけることで，協力しながら活動できるようにする。

グループ活動への援助の例
・給食当番の役割を分担する際，グループ内で困ったことを伝え合えるように，それぞれの思いを整理して仲立ちすることで，お互いの気持ちに気づけるようにする。

― 色水遊びの場面 ―

4歳児の色水遊びの様子

　園庭に設置した色水コーナーの机の上には，ペットボトルやコップ，すり鉢とすりこぎ，色水遊び用の植物が置いてあります。

　子どもたちは，花びらを手で潰したり，葉っぱをすり鉢ですり潰したりして，様々なジュースを作って遊んでいます。保育者はそれを見守りながら，でき上がったジュースを「ごくごく」と飲む役を担っています。

●実習日誌を修正してみましょう ✎

色水遊びに関する実習のねらい				
色水遊びを通した子どもの発見や楽しみ方について学ぶ。			
時間	子どもの活動	保育者の援助・環境構成	実習生の動き・気づき
10：00	○好きな遊びをする。〈園庭での色水遊び〉・机の上に置いてある花や木の実を選んで，色水を作って遊ぶ。①・すり鉢を使っているB児を見て，S児もクローバーをすり潰すことに挑戦する。すり潰すことが難しく，色が上手くでない。B児がやり方を伝える姿が見られる。②・ペットボトルに入れた色水を飲み物に見立てて，「見て，いちごジュース」「お茶できた」と見せ合ったり，保育者に伝えたりする。③	・園庭に机をだし，すり鉢，すりこぎ，ペットボトルなどを置いて，色水コーナーをつくっておく。・花びらや木の実，葉っぱなど，色や質感の異なる数種類の植物を机に置いておく。・植物をすり鉢ですり潰すことに挑戦する姿を見守る。・「赤くなったよ」「混ぜたら，こんなになった」と伝えてくる子どもに，「オシロイバナ，赤色の水になったね」「赤と緑を混ぜたんだね」と言葉にして伝える。・「おいしそう。ジュースください。」と子どもに伝える。	※でき上がった色水の色を確かめたり，比べたりできるようにするために，ペットボトルや透明のカップが準備されていると考えた。※すり鉢ですり潰すことを，繰り返し挑戦する姿が見られた。水の量，植物をちぎる大きさ，すりこぎの持ち方など，試行錯誤する中で上手くすり潰せるようになることがわかった。・でき上がった色を嬉しそうに伝えてくる姿を受け止め，色水遊びへの意欲が持てるようにする。・色水遊びコーナーの近くで様子を見ている子どもに声をかけ，遊びに参加できるようにする。

●文章を考えてみましょう 🖊 // Note

①を修正してみましょう

【修正前】花びらや木の実，葉っぱなど，色や質感の異なる数種類の植物を机に置いておく。

> 花びらや木の実，葉っぱなど，色や質感の異なる数種類の植物を机に置いておくことで，
> ‑‑‑

▌様々な色，柔らかくてすぐに色がでるもの，硬くて色がでづらいものなど，種類の植物を用意しておくことで，子どもの遊びがどのように展開するかを想像してください。そのうえで，保育の意図を考えるとわかりやすいでしょう。

②を修正してみましょう

【修正前】「赤くなったよ」「混ぜたら，こんなになった」と伝えてくる子どもに，「オシロイバナ，赤色の水になったね」「赤と緑を混ぜたんだね」と言葉にして伝える。

> 「赤くなったよ」「混ぜたら，こんなになった」と伝えてくる子どもに，「オシロイバナ，赤色の水になったね」「赤と緑を混ぜたんだね」と子どもの気づきや行動を言葉にすることで，
> ‑‑‑

▌植物の名前や色の組み合わせなど，子どもの活動を振り返るような言葉かけです。活動を振り返ることで，子どもにどのようになってほしいのでしょうか？

③を修正してみましょう

【修正前】「おいしそう。ジュースください。」と子どもに伝える。

> 「おいしそう。ジュースください。」と子どもに伝えることで，
> ‑‑‑

▌いちごジュースやお茶など，見立て遊びを楽しんでいる子どもたちです。保育者がジュースくださいと言葉かけすることで，遊びがどのように変化するでしょうか？

●4歳児の色水遊びの場面での保育のポイント ✎ ///////////////////////////

　手で潰したり，袋に入れて揉んだりして，色水を作る3歳児の時の経験をふまえて，4歳児では，すり鉢とすりこぎを使って「すり潰す」という経験ができるように環境を整えます。水の量，すり鉢に入れる植物の量，すりこぎの使い方など試行錯誤する姿を見守ります。

　保育者は，ジュースに見立てる遊びから，ごっこ遊びへと発展してくように援助します。

●文章の修正例を見てみましょう ✎ /////////////////

> ピンク，紫，緑など，様々な色の色水ができることで，見立てが広がります。硬い実，繊維がある葉っぱは，すり鉢ですり潰すと良く色がでます。

色水遊びに関する実習のねらい 　色水遊びを通した子どもの発見や楽しみ方について学ぶ。			
時間	子どもの活動	保育者の援助・環境構成	実習生の動き・気づき
10：00	○好きな遊びをする。 〈園庭での色水遊び〉 ・机の上に置いてある花や木の実を選んで，色水を作って遊ぶ。① ・すり鉢を使っているB児を見て，S児もクローバーをすり潰すことに挑戦する。すり潰すことが難しく，色が上手くでない。B児がやり方を伝える姿が見られる。② ・ペットボトルに入れた色水を飲み物に見立てて，「見て，いちごジュース」「お茶できた」と見せ合ったり，保育者に伝えたりする。③	・園庭に机をだし，すり鉢，すりこぎ，ペットボトルなどを置いて，色水コーナーを作っておく。 ・花びらや木の実，葉っぱなど，色や質感の異なる数種類の植物を机に置いておくことで，様々な色の色水を作る面白さや，すり鉢を使う必要性が感じられるようにする。 ・植物をすり鉢ですり潰すことに挑戦する姿を見守る。 ・「赤くなったよ」「混ぜたら，こんなになった」と伝えてくる子どもに，「オシロイバナ，赤色の水になったね」「赤と緑を混ぜたんだね」と子どもの気づきや行動を言葉にすることで，植物の名前に興味を持ったり，混色でできる色に気づけるようにする。 ・「おいしそう。ジュースください。」と子どもに伝えることで，お店屋さんごっこのイメージが持てるようにする。	※でき上がった色水の色を確かめたり，比べたりできるようにするために，ペットボトルや透明のカップが準備されていると考えた。 ※すり鉢ですり潰すことを，繰り返し挑戦する姿が見られた。水の量，植物をちぎる大きさ，すりこぎの持ち方など，試行錯誤する中で上手くすり潰せるようになることがわかった。 ・でき上がった色を嬉しそうに伝えてくる姿を受け止め，色水遊びへの意欲が持てるようにする。 ・色水遊びコーナーの近くで様子を見ている子どもに声をかけ，遊びに参加できるようにする。

> 子どもの行動や気づきを保育者が言葉にすることで，子どもが自分の行動を振り返ることができます。
子どもの知識や興味が広がる言葉かけの工夫といえます。

> 保育者がお客さん役を担うことで，ごっこ遊びが始まります。保育者の注文によって，「次は何味にしようか」「トッピングもしようかな」と，色水を作る意欲へとつながります。周りの友達も加わってきて，遊びが広がっていきます。

●こんなことにも目を向けてみましょう 🖉 //

色水遊びの環境構成

用意するもの

すり鉢・すりこぎ　　茶漉し　　じょうご　　透明のコップ
ペットボトル

色水遊びに適した草花

アサガオ（紫），やまごぼう（紫），ダリア（黄）

〈色の変化を楽しめる草花〉

グラジオラス（ピンク）：酢を入れる⇒黄色，石鹸水を入れる⇒青緑

パンジー（紫）：酢を入れる⇒黄色，石鹸水を入れる⇒青緑

いつでも楽しめる染紙を使った色水遊び

①食紅や絵の具で濃い色水（赤，青，黄）を作る

②和紙を色水に漬けて乾かす

③3cm角に切って使う（混色が楽しめる）

青と黄を入れたら
何色かな？

色水遊びの援助

子どもの遊びの姿

・植物による色の違いを試す

　（言葉かけの例「○○は，△△色になったね」）

・混色を楽しむ

　（言葉かけの例「青と黄色を混ぜたら，緑になったね」）

・色水を光に透かして，色を比べる・重ねる

・ジュース屋さんごっこを楽しむ

　（言葉かけの例「○○味のジュースください」）

　散歩で見つけた草花や木の実などを，色水遊びコーナーに置いたり，園庭に草花を植えたりして，様々な色を楽しめるようにしておきます。

― のりを使った「ぶどう」の製作活動の場面 ―

4歳児ののりを使った「ぶどう」の製作活動の様子

　4歳児は，のりの使い方にも慣れ，自分なりの表現を考えられるようになる時期です。この活動では，身近な食べ物である「ぶどう」をテーマに，粒の大きさや色の違いに注目して，構成を考えながら接着することを保育のねらいにしています。子どもが自分で考えて表現することを大切にした保育者の援助や，一人一人への配慮を考えてみましょう。

お手拭き

●実習日誌を修正してみましょう 🖉

製作活動に関する実習のねらい			
のりを使った製作活動における子どもの姿や保育者の援助について学ぶ。			
時間	子どもの活動	保育者の援助・環境構成	実習生の動き・気づき
10：00	○「ぶどう」の製作についての話を聞く。 ・絵本『ぶどう』の読み聞かせを楽しむ。 ・保育者が「ぶどう」を製作する様子を見る。① ・ロッカーへのりを取りにいく。②	・ぶどうに関するクイズをだし，絵本への興味が持てるようにする。 ・ぶどうの種類によって，様々な色や形があることに気づけるように，絵をゆっくりと見せながら読み進めるようにする。 ・<u>大きさや色が異なる丸い色紙を組み合わせながら，ぶどうを作ってみせる。</u> ・<u>のりの付け方や量を説明する。</u>	・クイズに正解した際に，子どもと共に喜ぶことで，楽しい雰囲気がつくれるようにする。 ※「次はどんなぶどうかな」と問いかけながら読み進めることで，ぶどうの色や大きさの違いに気づけるようにしていることを学んだ。 ※色や大きさの組み合わせを考え，自分なりのぶどうが表現できるようにすることが大切だと学んだ。
10：10	○「ぶどう」を製作する。 ・のりの使い方を聞く。 ・材料を受け取り，製作をする。 ・色紙の組み合わせが決められない子どもがいる。③ ・「もうできた」と製作を早く終えようとする子どもがいる。	・グループごとに材料を配る。 ・材料を配る前に，「まだ触らないで待っていてね」と言葉かけすることで，落ち着いて製作に取り組めるようにする。 ・<u>色紙の組み合わせに戸惑う子どもに「どんなぶどうがいいかな」と言葉かけする。</u>	※のりを付けた部分が子どもにわかるように，保育者が使用するのりに色付けされていることに気づいた。 ・名前が書いてある画用紙とのりの下敷き，お手拭きを一人一人に配付する。 ※自分で色紙の組み合わせを考えられるような言葉かけが大切であることを学んだ。

●文章を考えてみましょう ✎ //////////////////////////////////////

①を修正してみましょう

【修正前】大きさや色が異なる丸い色紙を組み合わせながら，ぶどうを作ってみせる。

> 大きさや色が異なる丸い色紙を組み合わせながら，ぶどうを作ってみせることで，

これから製作するものを保育者が実際に作ってみせている様子を思い浮かべてください。
実物を目にすることで，子どもにどのようになってほしいかを考えてみましょう。

②を修正してみましょう

【修正前】のりの付け方や量を説明する。

>

のりの付け方や量をどのように子どもに説明したかを具体的に記録に残すようにします。子どもに伝わりやすい方法や言葉かけを考えて書いてみましょう。

③を修正してみましょう

【修正前】色紙の組み合わせに戸惑う子どもに「どんなぶどうがいいかな」と言葉かけする。

> 色紙の組み合わせに戸惑う子どもに「どんなぶどうがいいかな」と言葉かけすることで，

「どんなぶどうがいいかな」という言葉かけの意図を考えてみてください。
自分自身がこのように言われたらどんな気持ちになるかを考えてみてもよいでしょう。

●4歳児ののりを使った「ぶどう」の製作活動の場面での保育のポイント ✐ ///////

　「粒の大きさや色の違いに注目して，構成を考えながら接着する」活動であるため，戸惑いは少ないものの，すぐに「できた」と製作を終わらせようとする子どももいれば，じっくりと構成を考えて取り組む子どももいます。個人差に配慮しながら，「どうしたらいいと思う？」と問いかけ，どのように組み合わせたらよいかを自分で考えようとする気持ちが持てるように関わっていきます。また，友達の作品からヒントを得たり，良さに気づけるように「○○ちゃんは，こんな色を組み合わせたよ」などと，クラスの様子を伝えていきます。

●文章の修正例を見てみましょう ✐ //

製作活動に関する実習のねらい
　のりを使った製作活動における子どもの姿や保育者の援助について学ぶ。

時間	子どもの活動	保育者の援助・環境構成	実習生の動き・気づき
10：00	○「ぶどう」の製作についての話を聞く。 ・絵本『ぶどう』の読み聞かせを楽しむ。 ・保育者が「ぶどう」を製作する様子を見る。① ・ロッカーへのりを取りにいく。	・ぶどうに関するクイズをだし，絵本への興味が持てるようにする。 ・ぶどうの種類によって，様々な色や形があることに気づけるように，絵をゆっくりと見せながら読み進めるようにする。 ・大きさや色が異なる丸い色紙を組み合わせながら，ぶどうを作ってみせることで，これから製作するものに興味が持てるようにする。②	・クイズに正解した際に，子どもと共に喜ぶことで，楽しい雰囲気がつくれるようにする。 ※「次はどんなぶどうかな」と問いかけながら読み進めることで，ぶどうの色や大きさの違いに気づけるようにしていることを学んだ。 ※色や大きさの組み合わせを考え，自分なりのぶどうが表現できるようにすることが大切だと学んだ。
10：10	○「ぶどう」を製作する。 ・のりの使い方を聞く。 ・材料を受け取り，製作をする。 ・色紙の組み合わせが決められない子どもがいる。 ・「もうできた」と製作を早く終えようとする子どもがいる。③	・「少しだけ付けて」「くるくると，薄く延ばそうね」と言葉かけをして，のりの付け方や量を実際に見せながら説明する。 ・グループごとに材料を配る。 ・材料を配る前に，「まだ触らないで待っていてね」と言葉かけすることで，落ち着いて製作に取り組めるようにする。 ・色紙の組み合わせに戸惑う子どもに「どんなぶどうがいいかな」と言葉かけすることで，製作したいものを自分で考えようとする気持ちを持てるようにする。	※のりを付けた部分が子どもにわかるように，保育者が使用するのりに色付けされていることに気づいた。 ・名前が書いてある画用紙とのりの下敷き，お手拭きを一人一人に配付する。 ※自分で色紙の組み合わせを考えられるような言葉かけが大切であることを学んだ。

> 「意欲が持てるように」「製作の見通しが持てるように」など，子ども主体の保育の意図を考えましょう。

> 実習日誌の場合，子どもに伝わりやすい言葉かけを記録しておきましょう。
> 今後の参考になります。

> 戸惑っていたり，意欲が持てなかったりする子どもへの個別の配慮についても着目することが大切です。特に，製作は個人差が大きいので，イメージが浮かぶような言葉かけや，技術的なサポートが必要となります。

●こんなことにも目を向けてみましょう 🖊//

のりの指導

用意するもの

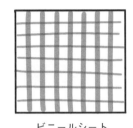

ビニールシート
（机の汚れ防止）

のり，お手拭き，
のり台紙

のりを取り過ぎたら，
容器の淵を使って戻します

①指で少量ののりを取る

②端まで薄く延ばす

③しっかり押さえる

はさみの指導

座り方

背筋を伸ばして，椅子に深く座ります。

安全面

・はさみの刃先に指を置かないように，
　紙を持つ場所に気をつけます。
・はさみを渡す時は，柄の方を人に向け
　るように指導します。

2歳児

・1回切り
一回で切り落とせる紙の幅です。

3歳児

・2回切り
チョキチョキと長い紙を切るこ
ともできるようになります。

4歳児

・とめ切り
刃先を使って，切り落とさずに
好きな長さで止める切り方です。
長い直線も切ることができます。

5歳児

・らせん切り
紙を動かしながら切ります。

5歳児の発達と保育

発達の特徴と保育のポイント

● 生活について

　基本的な生活習慣が身につき，生活の流れに見通しを持って行動できるようになります。言葉で考えられるようになるため，自分の思いや周りの状況を受け止め，「もう少し遊びたいけど，お片付けの時間」というように自分を調整する力もついてきます。

　人の役に立つことに喜びを感じ，保育者の手伝いや，年下の子どもの世話をするようにもなります。当番活動を積極的に取り入れ，役割を果たす経験を積み重ねることで自分に自信が持てるように援助します。

● 運動について

　運動機能がさらに伸びて，縄跳び，ボール遊び，鉄棒などの全身の動きの調整が必要な運動や，鬼ごっこなどの持久力が必要となる遊びを活発に楽しむようになります。ルールのある遊びでは，トラブルが起きても，子ども自身でルールをつくる姿が見られるようになります。年下の子どもに合わせてルールを変える柔軟な対応もできるようになります。

● 仲間関係について

　仲間との関係が深まり，数人で目的を共有しながら役割を分担して遊べるようになってきます。考えをだし合って，工夫を重ね，遊びを深めたり，発展させたりする姿も見られるようになります。イメージや意見が異なり対立や葛藤が見られる場合でも，できるだけ自分たちで解決しようと話し合ったり，折り合いをつけたりする姿を見守る姿勢を大切にします。

　このような経験は，自分の思いを伝える力，話を聞く力を身につける機会であり，みんなで活動する楽しさを実感することで，きまりを守る必要性が次第にわかるようになっていきます。

　クラス活動や帰りの会などで，活動や遊びの振り返りを行ったり，行事などに向けて話し合いなどを行ったりすることを通して，クラス全体での育ちも大切にしていきます。

育ちをふまえた保育者の援助と文例

● 友達と一緒に工夫したり，試したりできる活動ができるように

・様々な材料や道具を用意しておくことで，どんぐりが途中で引っかかったり，途中で落ちたりしながらも，友達と思いを伝え合いながら上手く転がる方法を試すことができるようにする。

工夫したり，試したりできる活動への援助の例
・ダンボールで作ったおばけを立たせる方法について，子どもの考えを聞き取り，言葉を添えて整理することで，イメージを共有しながら子ども同士で取り組むことができるようにする。

● ルールを考えたり，つくったりして遊ぶ楽しさを経験できるように

・みんなで話し合ってつくったドッジボールのルールにまだ慣れない子どもがいるため，必要に応じてどのようにすればよいかを問いかけることで，子ども同士で解決できるように援助する。

ルールのある遊びの援助の例
・遊びの中でのトラブルをクラス全体に投げかけることで，友達の様々な思いに気づき，子ども自身でルールを考えようとする気持ちが持てるようにする。

● 遊びの中で，文字や数などへの関心が持てるように

・お店屋さんごっこで保育者がお客さん役となり，「おいくらですか」などの言葉かけをすることで，お金のやりとりに興味が持てるようにする。

文字や数への興味を育てる援助の例
・さいころを振って同じ数を出したり，どちらが大きいかを比べたりする遊びを一緒に行い，勝ち負けを共に楽しむことで，数字にふれることを楽しめるようにする。

― 車作りの遊びの場面 ―

5歳児の車作りの遊びの様子

　紙パックや好きな箱を使って，数名の子どもが車作りをしています。ストロー，竹ひご，ペットボトルのキャップを使って，車輪を作って組み立てます。「あれ，斜めに走った」，「タイヤをたくさん付けてみた」，「競争しようぜ」などの会話が聞こえてきます。どうやったらよく走る車ができるのか，試行錯誤をする子どもたちの姿が見られます。

●実習日誌を修正してみましょう

車づくりの実習のねらい			
試行錯誤したり，工夫したりする5歳児の遊びの様子と援助を学ぶ。			
時間	子どもの活動	保育者の援助・環境構成 ③	実習生の動き・気づき
10：00	○好きな遊び。 ・昨日作った車を持ち寄って，A児，B児，K児が誰のものが遠くまで走るか競争をする。斜めに走ったり，途中で止まったりする。① ・車輪を作り直したり，タイヤをたくさん付けたりしては，車を走らせて動きを試す。② ・T児が「カンカンカン」と棒で踏み切りを表現したことをきっかけに，段ボールで街をイメージした道作りが始まる。	・昨日の遊びの続きをするために，板や大型積み木を組み合わせて，車のコースを作る姿を見守る。 ・車作りに必要な材料を，車作りコーナーに置いておく。 ・「斜めに走った」「遠くまでいった」などの子どもの言葉を受け止め，一緒に喜んだり，不思議がったりしながら，その理由を一緒に考える。 ・ロール状のボール紙やペン，ガムテープなど，街作りに必要になりそうな材料を目に留まりやすいところに置いておく。	・製作した車を保管する「駐車場」が，ロッカーの上に確保されていた。 ・空き箱，画用紙，車輪の材料（竹ひご，ペットボトルのキャップ，ストロー），セロハンテープ，などが机に置かれていた。 ・車輪をたくさん付けたり，車体を連結したりして，遠くまで走る車作りを粘り強く考えていた。 繰り返し試せる環境づくりが大切だと学んだ。 ・子どもの興味の変化に合わせて，保育者は，材料を追加していた。自分で必要な材料を見つけられるようにすることが大切なのだと気がついた。

●文章を考えてみましょう 🖊 ////////////////////////////////////

①を修正してみましょう

【修正前】車作りに必要な材料を，車作りコーナーに置いておく。

> 車作りに必要な材料を，車作りコーナーに置いておくことで，
>
>
>

▌ 昨日盛り上がった車作りの遊びを，この日も楽しんでいます。この日は，子どもにどのような活動をしてほしいと期待して，材料を置いているのでしょうか？

②を修正してみましょう

【修正前】「斜めに走った」「遠くまでいった」などの子どもの言葉を受け止め，一緒に喜んだり，不思議がったりしながら，その理由を一緒に考える。

> 「斜めに走った」「遠くまでいった」などの子どもの言葉を受け止め，一緒に喜んだり，不思議がったりしながら，その理由を一緒に考えることで，
>
>

▌ 保育者が車の走り方について一緒に考えることで，子どもにどのような活動をしてほしいのでしょうか？

③考えたこと，学んだことを書き加えてみましょう

【修正前】製作した車を保管する「駐車場」が，ロッカーの上に確保されていた。

> 製作した車を保管する「駐車場」が，ロッカーの上に確保されていた。
>
>

▌ 製作した車が保管されることで，車作りの遊びにどのような良い影響があるでしょうか？また，それを見た友達は，車作りの遊びに対してどのような思いを持つでしょうか？考えたこと，学んだことを書き加えてみましょう。

●5歳児の車作りの遊びの場面での保育のポイント ✐ ////////////////////////////

　気の合う仲間ができ，遊びが深まる時期です。共通のイメージを持って遊ぶ中で，「どうしてかな？」「こうやったらいいかも」と試行錯誤し，探究する経験ができるように環境を整えていきます。

　5歳児に対しては，見守ることが基本となりますが，必要な材料や道具を整えたり，躓いた時にアドバイスをしたりすることで，子どもの遊びが深まるように援助することが大切です。

> 「自分の作品が大切にされていると感じられるようにする」という意図もよいでしょう。

●文章の修正例を見てみましょう ✐ ////////////////////////////

車づくりの実習のねらい
試行錯誤したり，工夫したりする5歳児の遊びの様子と援助を学ぶ。

時間	子どもの活動	保育者の援助・環境構成 ③	実習生の動き・気づき
10：00	○好きな遊び。 ・昨日作った車を持ち寄って，A児，B児，K児が誰のものが遠くまで走るか競争をする。斜めに走ったり，途中で止まったりする。 ・車輪を作り直したり，タイヤをたくさん付けたりしては，車を走らせて動きを試す。 ・T児が「カンカンカン」と棒で踏み切りを表現したことをきっかけに，段ボールで街をイメージした道作りが始まる。	・昨日の遊びの続きをするために，板や大型積み木を組み合わせて，車のコースを作る姿を見守る。 ① 車作りに必要な材料を，車作りコーナーに置いておくことで，昨日の遊びの続きができるようにする。 ② 「斜めに走った」「遠くまでいった」などの子どもの言葉を受け止め，一緒に喜んだり，不思議がったりしながら，その理由を一緒に考えることで，走り方を調整したり，仕組みを考えたりしながら遊べるようにする。 ・ロール状のボール紙やペン，ガムテープなど，街作りに必要になりそうな材料を目に留まりやすいところに置いておく。	・製作した車を保管する「駐車場」が，ロッカーの上に確保されていた。友達の作品を見てアイデアを得たり，車作りに興味を持ったりすることにつながると考えた。 ・空き箱，画用紙，車輪の材料（竹ひご，ペットボトルのキャップ，ストロー），セロハンテープ，などが机に置かれていた。 ・車輪をたくさん付けたり，車体を連結したりして，遠くまで走る車作りを粘り強く考えていた。 繰り返し試せる環境づくりが大切だと学んだ。 ・子どもの興味の変化に合わせて，保育者は，材料を追加していた。自分で必要な材料を見つけられるようにすることが大切なのだと気がついた。

> 「新たに興味を持った子どもが車作りに取り組めるようにする」という意図も考えられます。
> 環境構成の意図は，これまでの子どもの様子，保育者の願いによって様々なことが考えられます。
> 保育者の考える意図と異なる可能性もありますが，自分なりに意図を推測して書いてみることで，保育の見方・考え方が広がっていきます。

> 見守ることが基本となる5歳児ですが，保育者が共感したり，「なんでだろうね」と問いかけたりすることで，遊びが深まります。

●こんなことにも目を向けてみましょう ✐//

車作りを通した学びのいろいろ

車のデザインの工夫

・様々な色や形の箱や，色紙を組み合わせて，自分なりの
　デザインを考えることを楽しめるようにします。

車輪の仕組み

・車輪が回って，車が走る仕組みを知ることができます。
　「たくさんタイヤを付けると，早く走るのかな？」「車輪
　が曲がっていると，まっすぐ走らないな」など，車を走ら
　せながら，推測したり，試行錯誤したりしています。

速く走る工夫

・「坂道だとよく走るのかな」「登り坂だと，ジャンプする
　かもしれない」など，遊びには科学的な視点も含まれています。
　友達と競争したり，道路から街作りに発展したりなど，遊びが広がっていきます。

車輪の仕組みがわかったよ！

こんな材料・用具・道具があったらいいな

車輪を作る

・ペットボトルの蓋にきりで穴をあけます。安全管理には，十分に注意を払います。

・ストローに竹ひごを通して，両端にペットボトルの蓋を付けます。

・竹ひごは一度に切り落とすのではなく，はさみで溝を付けるように回しながら切り込みを入
　れ，最後にポキッと折ると安全です。

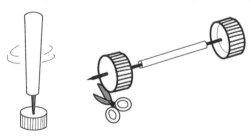

道を作る

・ダンボールや机，大型積み木などを使って，
　平坦な道や坂道を作ります。

・工作用紙やラップの芯などで，車が走る方向
　を調整すると楽しいでしょう。

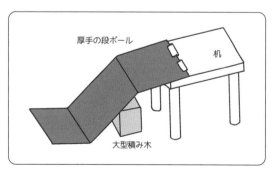

― 帰りの会の場面 ―

5歳児の帰りの会の様子

　5歳児になると，見通しを持って帰りの身支度ができるため，保育者は様子を見守ります。身支度が整ったら，みんなで集まって今日の遊びや出来事の振り返りをします。

　保育者の「みんなにお話したいことがある人はいますか？」という言葉かけに，手を高く上げる子どもたち。楽しかったこと，作りかけの作品の紹介などを，みんなの前に出て話します。上手く伝えられない時には，保育者が質問をしたり，言葉を補ったりしながら，帰りの会が行われます。

●実習日誌を修正してみましょう 🖉

帰りの会の実習のねらい
帰りの会での一日の振り返りをもとに，5歳児の言葉で伝え合う姿の育ちを学ぶ。

時間	子どもの活動	保育者の援助・環境構成	実習生の動き・気づき
13：30	○帰りの身支度をする。 ・園服に着替えて，連絡帳，保護者宛の手紙，タオルを鞄に入れる。 ・椅子に座る。	・一人一人の様子を見守り，支度に時間がかかっている子どもに声をかける。 ・製作中の物や用具など，ロッカーに入っているものを確認しながら，必要に応じて整え方を伝える。 ①	※5歳児クラスになると，保育者は見守ることが主な援助になることに気がついた。 ※保育者が手本となって片付け方を伝え，きれいになったことを一緒に喜ぶことが大切だと教えていただいた。
13：35	○帰りの会をする。 ・友達の前で遊びの様子を発表したり，聞いたりする。 ・明日の予定を聞く。 ・「さよなら」の歌を歌う。 ・降園の挨拶をする。	・今日の遊びについて伝えたいことがある子どもは手を挙げるよう伝え，みんなの前で話をする時間を設ける。 ② ・明日の予定を伝える。 ③	※みんなの前に立つと，話したいことが上手く言葉にならない子どももいた。保育者は，子どもが言いたいことを聞き取って，整理する援助を行っていた。子どもが自分で話せたという経験ができるようにすることが大切だと学んだ。 ※保育者は，子どもの表情を見ながらピアノを弾いていた。歌いだしのタイミングやリズムを伝えながら，みんなで歌う楽しさを感じられるようにすることが大切だと学んだ。
13：50	○降園する。	・子ども一人一人と目を合わせ，握手をして送りだす。	

●文章を考えてみましょう ✐ //////////////////////////////////

①を修正してみましょう

【修正前】今日の遊びについて伝えたいことがある子どもは手を挙げる
　　　　　よう伝え，みんなの前で話をする時間を設ける。

> 今日の遊びについて伝えたいことがある子どもは手を挙げるよう伝
> え，みんなの前で話をする時間を設けることで，

▋ 今日どのような遊びをしていたか，面白かったことは何かを振り返り，クラスのみんなと共有している場面です。振り返り，共有することで，保育者は，翌日からの遊びやクラスの様子にどのような変化が起きてほしいと期待しているでしょうか？

②を修正してみましょう

【修正前】明日の予定を伝える。

> 明日の予定を伝えることで，

▋ 子どもが明日の予定を知っていることは，保育をするうえで，子どもにとってどのような意味があるでしょうか？

③を修正してみましょう

【修正前】子ども一人一人と目を合わせ，握手をして送りだす。

> 子ども一人一人と目を合わせ，握手をして送りだすことで，

▋ 保育者が温かく送りだしてくれることで，子どもはどのような気持ちになるでしょうか？または，保育者は，子どものどのようなことを確認しているでしょうか？

●5歳児の帰りの会の場面での保育のポイント 🖉 ////////////////////////////////

　気の合う友達との遊びが活発になり，新しい体験や活動に意欲的に取り組めるようになる時期です。工夫したり，試したりしながら，自分の考えたことや気づいたことを伝え合いながら遊ぶ姿が見られるようになります。気の合う友達との関係が深まるように配慮しつつ，いろいろな友達の思いや考えにもふれ，クラス全体での育ちを大切にしていくことも必要です。「言葉による伝え合い」を育てるためにも，友達の前で話したり，話を聞いたりする経験を重ねられるように配慮していくこともポイントとなります。

●文章の修正例を見てみましょう 🖉 ////////////////////////////////

帰りの会の実習のねらい
　帰りの会での一日の振り返りをもとに，5歳児の言葉で伝え合う姿の育ちを学ぶ。

時間	子どもの活動	保育者の援助・環境構成	実習生の動き・気づき
13：30	○帰りの身支度をする。 ・園服に着替えて，連絡帳，保護者宛の手紙，タオルを鞄に入れる。 ・椅子に座る。 ①	・一人一人の様子を見守り，支度に時間かかっている子どもに声をかける。 ・製作中の物や用具など，ロッカーに入っているものを確認しながら，必要に応じて整え方を伝える。	※5歳児クラスになると，保育者は見守ることが主な援助になることに気がついた。 ※保育者が手本となって片付け方を伝え，きれいになったことを一緒に喜ぶことが大切だと教えていただいた。
13：35	○帰りの会をする。 ・友達の前で遊びの様子を発表したり，聞いたりする。 ・明日の予定を聞く。 ② ・「さよなら」の歌を歌う。 ・降園の挨拶をする。 ③	・今日の遊びについて伝えたいことがある子どもは手を挙げるよう伝え，みんなの前で話をする時間を設けることで，明日の遊びへの期待感が持てるようにする。 ・明日の予定を伝えることで，見通しを持って一日を過ごせるようにする。	※みんなの前に立つと，話したいことが上手く言葉にならない子どももいた。保育者は，子どもが言いたいことを聞き取って，整理する援助を行っていた。子どもが自分で話せたという経験ができるようにすることが大切だと学んだ。 ※保育者は，子どもの表情を見ながらピアノを弾いていた。歌いだしのタイミングやリズムを伝えながら，みんなで歌う楽しさを感じられるようにすることが大切だと学んだ。
13：50	○降園する。	・子ども一人一人と目を合わせ，握手をして送りだすことで，明日も登園しようとする気持ちが持てるようにする。	

① 自分自身の活動の振り返りは，楽しかったこと，明日やりたい遊びへの気づきにつながります。

② 温かな保育者の関わりは安心感につながります。「今日も楽しかった」「明日は何をしようかな」と登園を心待ちにする気持ちになることでしょう。
保育者は，体調や子どもの表情なども確認しています。

③ 保育者の指示を待って動くのではなく，子どもが主体的に園生活を送れるようにすることが大切です。
次は何をしなければいけないかを自分で考えて動ける力を育てるために，一日の予定を伝えておくようにします。

●こんなことにも目を向けてみましょう

遊びの振り返りをする意図のいろいろ

　保育所や幼稚園等では，帰りの会だけでなく，活動の区切りの時に振り返りが行われています。園生活の中で楽しかったこと，嬉しかったこと，悔しかったこと，困っていることなどを振り返り，保育者やクラスの友達と共有します。その主な目的には，次のようなものが挙げられます。

①楽しかったこと，考えたこと，工夫したことなどに気づけるようにする

②次の活動への期待や意欲が持てるようにする

③言葉で伝えたり，人の話を注意して聞いたりする，「言葉による伝え合い」を楽しむ姿を育む

④友達とのつながりや，クラス全体のつながりを育む

⑤相手の気持ちに気づいたり，相手の視点で自分の行動を振り返ったりすることで，気持ちに折り合いをつけたり，考えながら行動する姿を育む

　このような姿を育てるためには，振り返りの時間での保育者の援助が重要になります。遊びや活動の報告だけにならないように，振り返りを通して，どのようなことに気づき，何を共有したいかを考えながら行うことが大切になります。

保育者の言葉かけの視点例

・どんなところが楽しかった？　　・どのようにやったの？

・なぜ，こうなったの？　　　　　・次は，どうしたい？

・どんな材料や道具などが必要？

工夫がすごいな

話を聞いてくれて嬉しいな

面白そう！
明日、やってみようかな

様々な実習日誌の様式

エピソード記録

● エピソード記録とは

　エピソード記録とは，自分が心を動かされたり，印象に残ったりした場面を振り返って，自分自身の体験としてエピソード（物語）を描いていく方法です。

　時系列の実習日誌は，客観的な視点で子どもや保育者の言動や行動を捉えて書くことを基本としていますが，エピソード記録では，「どのように感じていたか」「どのような思いを持っていたか」など，子どもの心の動きに目を向けて，それを書くところに違いがあります。子どもに対する自分自身の行動や心の動きも含めて省察しながら，「なぜ，○○したのだろう」「どうして，○○しただろう」と問いを立てて考えることによって，子どもや保育への理解を深めたり，自分自身の子どもへのまなざしやより良い関わりに気づいたりすることにつながります。

● エピソード記録の書き方

①心を動かされたり，印象に残ったりした場面を振り返る

②どのような場面かがわかるように，状況の説明を考える

　取り上げたエピソードの状況や，これまでの子どもの様子がわかるように，「いつ」「誰が」「何を」「どのように」「どうした」といった観点から情報を整理します。

③②で整理したことを，場面がわかるように文章にする

　状況の説明だけでなく，「自分が感じたこと」「考えたこと」「その場面に自分がどのように関わったか」「疑問に感じたこと」なども含めながら書いていきます。

④エピソードを記述していく中で，自分が感じたことや気づいたことをまとめる

　心を動かされたり，印象に残ったりした場面を振り返りながら，自分なりに問いを立てて考えることを通して感じたことや気づいたことをまとめます。エピソードが書けたら，保育者からコメントをもらいましょう。同じ場面であっても，様々な見方，考え方があることがわかり，自身の保育の捉え方が広がったり，深まったりすることにつながります。

●エピソード記録の文例と書き方のポイント

　以下は，2歳児クラスでの遊びの場面を振り返り，エピソードにまとめたものです。
段ボール箱に入って遊んでいる子どもの思いを考えたり，自分の関わりを振り返ったりしながら，気がついたこと考えたことをもとに、保育者の援助について学んだことが書かれています。

タイトル：箱の中で体をゆらゆら，何をしているの？①

　2歳児のA児が，保育室にあるみかん箱くらいの大きさの段ボール箱の中に入って，一人で体を揺らしている②。なぜ体を揺らしているのだろうかと考えたが，どのように言葉をかけてよいかわからず，私は傍で見守っていた③。

　しばらくの間，一定のリズムで体を左右に揺らしていたが，表情を見ると，次第に飽きてきているように感じられたので，「Aちゃん，何してるの？」と声をかけてみた。A児は私の顔をちらっと見ると，体の動きを止めてしまった。

　他の遊びに誘うほうがよいのかと戸惑っていると，それを見た保育者が「Aちゃん，車の運転しているの？」と声をかけた。すると，A児の表情が急に明るくなり，「ブーブー」と言って，段ボール箱の端を持って車の運転を楽しみ始めた④。保育者もハンドルを持つ仕草をして体を揺らし，A児の動きを真似て一緒に運転を始めた。保育者が「信号が赤になりますよ。止まれ」と言葉をかけると，A児が嬉しそうに「止まれ」と応える様子が見られた。

　「何しているの？」ではなく，遊びのイメージが持てるような言葉かけが大切であることや，保育者が子どもと同じ動きをすることで遊びの楽しさが増すことを学んだ。

　また，保育者はA児が車好きであることや，日頃の遊びの様子をふまえて，「車を運転しているの？」と言葉かけをしたと教えていただいた。一人一人の子どもをよく理解して関わることの大切さを学んだ⑤。

---

①タイトルをつけて，書きたいことのポイントを明確にする

②状況の説明をする

③自分が考えたことや関わり方を書く

④子どもの様子や表情から，気づいたこと考えたことを書く

⑤学んだことをまとめる

写真を使った記録

● 写真を使った記録とは

　写真を用いて保育を記録する方法は，保育の現場で広く用いられるようになってきています。写真があることで，保育の様子を共有したり，自身の保育を振り返ったりしやすくなる良さがあるからです。実習日誌についても，実習生が撮影した写真を用いて保育を考察する形式を採用することが増えてきています。時系列の実習日誌は，一日の流れと保育者の援助の全体をつかむことに適していますが，写真を用いた記録では，一つの場面に着目して，より詳細に保育を捉えることができる良さがあります。

　子どもの活動や保育者の援助，環境構成の工夫を見て，「この遊び，面白いな」「自分もこんな関わりをしたいな」「こんな環境の工夫っていいな」など，気がついたこと，興味を持ったことを写真に撮影し，文章にまとめていきます。読み手に伝わるようにまとめることを意識して写真を撮影することで，保育を丁寧に捉えることにもつながります。また，読み手にとっても状況がわかりやすいため，面白さを共有したり，より具体的にアドバイスができたりする良さがあります。①一つの遊びに焦点を当ててまとめる形式，②一日の流れに沿って写真を用いながら子どもの姿や援助をまとめる形式，①と②を組み合わせたものなど，様々な形式があります。

● 写真の撮影の仕方，まとめ方

①実習のねらいを考える

　何を学びたいかをあらかじめ考えておくことで，撮影したい場面が明確になります。

②実習のねらいをふまえながら，自分が心を動かされた場面も含めて撮影する

　予想外の面白い出来事が起きるかもしれません。実習のねらいをしっかりと意識しつつ，興味を持った場面についても撮影をしましょう。その際，読み手に状況が伝わるようにまとめるためには，どのような角度で，どんなところに焦点をあてて撮影すればよいかも工夫してください。

　子どもの顔や名前など，写真には個人情報が含まれています。実習日誌として記録を残す場合には，慎重に扱う必要があります。「子どもの顔がなるべく写らないように撮影してほしい」など，撮影方法の留意点については，あらかじめ園に確認をするようにしてください。

③どの写真を使用するかを選ぶ

④写真をもとにしながら，保育について学んだことをまとめる

　状況を説明したり，子どもの会話を載せたりすると，読み手に伝わりやすくなります。

● 写真を使った記録の例と書き方のポイント

実習生氏名　○○　○○

○年　○月　○日	たんぽぽクラス　（ ８名）	指導者　○○　○○

実習のねらい
　子どもが遊びの中で，何に，どのように興味を持っているかを学ぶ

タイトル「おや！なんだろう!?」

タイトルをつける

雨上がりの散歩道で，急にしゃがみこんだA児。
車が通った後にできた，土のひび割れに興味津々の様子です。

まずは，棒でつんつん！
　次は，指でつんつん！
　　今度は，足に力を入れて土を踏んで！

触るのは，
ちょっとドキドキ

何かいるのかな？

あれ!? かたいよ！

　　最初は，触ることに戸惑っていたAちゃんですが，棒を使ったり，指や足を使ったりして，工夫をしながら何度も試す姿がとても印象的でした。「何かいるのかな？」と想像を膨らませているように感じました。散歩の中での何気ない環境に，子どもにとって貴重な経験ができる場があることを学びました。
　　また，保育者は，Aちゃんが満足するまで，見守ることを大切にされていました。

実習のねらいをふまえて，気がついたこと，学んだことをまとめる

吹き出しを付けて，子どもの思いや言葉を書くと読み手に伝わりやすくなる

2章

指導計画について学ぼう

指導計画の書き方

指導計画の種類と関係

　指導計画とは，保育所の全体的な計画や幼稚園の教育課程を具体的にしたもので，見通しを持って保育を行うために必要なものです。長期の指導計画には，年間指導計画，期の指導計画，月間指導計画があります。また，短期の指導計画には，週案や日案などがあり，長期の指導計画をより具体的にし，子どもの実態や生活に即して実践できるようにするための計画といえます。

　指導計画は，作成したら終わりではなく，保育を振り返り，子どもの実態に応じてつくり変えていくものです。短期の指導計画をもとにしながら，子どもの実態に応じて，長期の指導計画等を見直していくことも求められています（図1）。

　実習生の場合は，オリエンテーションの時に見せてもらうようにすると，園の保育の特徴や保育のねらいがわかるので，実習の見通しを持つことができます。

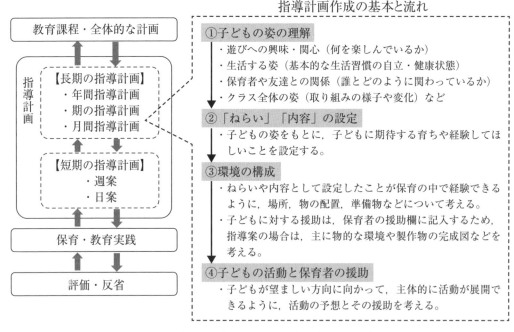

図1　教育課程・全体的な計画と指導計画との関連

実習における指導計画の基本

子どもの主体性を大切にした保育をするために書くもの

　指導計画は，実習生が保育の段取りを考えて，スムーズに保育を行うために立案するものではありません。子どもの望ましい育ちを考え，子どもの主体性を大切にした保育を行うためのものです。そのため，自分の動きだけを書くのではなく，どのような意図を持って保育をするのをしっかり考えて書くことが大切です。

　責任実習や部分実習の指導計画も，日々の保育や園の指導計画をふまえて作成することが望ましいです。実習日誌の記録をもとに，子ども理解や園の保育への理解を深め，それをふまえて計画するように努めましょう。

　自分の特技を生かした保育に挑戦してみる場合にも，保育者に相談しながら，日ごろの子どもの様子や興味をふまえて考えていくことが大切です。

指導計画は保育者からOKをもらって完成するもの

　部分実習・責任実習の当日に間に合うように書けばよいのではありません。クラスの保育者や主任，園長先生からも指導を受け，修正をし，OKをもらって初めて完成となります。自分の都合で動くのではなく，早めに相談しながら作成しましょう。

　その際，日頃の保育の進め方や子どもの様子について確認しておくことで，具体的で，適切な援助を書くことができます。遠慮をしないで，積極的に質問や相談をすることで，意欲を伝えることもできます。

　製作活動をする場合には，実際に作ってみることが大切です。わかりやすい説明の仕方や，子どもが躓きそうなところを考えるなど，教材研究をしっかり行いましょう。ゲームなど，実際にやってみることが難しい教材の場合には，動きを想定しながら，子どもに向けて話す内容を声にだして手順通りにやってみるとよいでしょう。

　当日に必要となる指導計画の部数についても，確認をしてください。

園の指導に合わせて柔軟に対応する

　指導計画の様式は，園によって様々あり，何を目的に計画するかによっても異なります。適切な言葉の考え方が違う場合も多いので，戸惑うことがあるかもしれません。必要に応じて質問をしながら，園の指導に従って柔軟に対応することが求められます。

　ここでは，実習で主に使用されている時系列での指導計画（部分案・日案）を想定して，指導計画の基本を説明します。

実施日	対象児		実施場所	学籍番号
月　日（　）	歳児　　　　クラス 　男児　　　名 　女子　　　名			氏名
子どもの姿				
ねらい			内容	
準備				
時間	予想される子どもの姿	環境構成		実習生の援助
評価				

図2　日案・部分案の様式例

各項目の書き方

(1)「子どもの姿」の書き方

　前日までの子どもの姿を書く項目です。見たままの姿だけを書くのではなく，子どもが興味・関心を持っていること，継続的に見てこれまでに育ってきていることを書くようにします。例えば，砂遊びの場合，「砂遊びを楽しんでいる」だけではなく，「木の実や葉っぱを使って料理を作り，砂場でごっこ遊びをすることを楽しんでいる」というように何を楽しんでいるかを書くようにします。また，今後育ってほしいと考える課題を書く場合は，子どもの姿を肯定的に捉えるようにします。子どもを否定する表現にならないように，十分に気をつけてください。

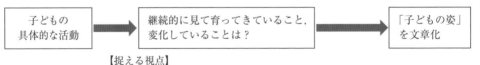

図3　「子どもの姿」を考える手立て

具体的な文章の手順と文例については，以下のようになります。

　まず，子どもの具体的な活動の様子を思い浮かべます。次に，何が育っているかを考えます。これらをまとめて文章にします。文末表現は，「～の姿が見られる」，「～になってきている」などを用いると，育ってきていることがわかりやすい文章になります。

子どもの具体的な活動は？		継続的に見て育っていること，変化していることは？

・はさみやのりを使った製作している　- - - - - - - - ➤ ①製作への興味が育っているな

・気の合う友達と鬼ごっこを楽しんでいる　- - - - - - ➤ ②ルールのある遊びを楽しめるようになってきているな

・時々，トラブルがあるけど……　- - - - - - - - ➤ ③自分の思いを伝えたり，友達の思いに気づけたりするようになってきているな

 まとめる

> **子どもの姿**
> ・はさみやのりを使った製作に興味を持ち，<u>自ら作ったものを用いた遊びを楽しむ子どもが増えてきている</u>①。
> ・<u>気の合う友達と一緒に遊ぶ姿が多くなり</u>，保育者を交えながら鬼ごっこなど簡単なルールのある遊びも楽しめるようになってきている②。
> ・自分の思いをだせるようになったことによりトラブルもあるが，しだいに友達の思いにも気づけるようになってきている③。

【書き方のポイント】
・行動のみではなく育ってきていることを書く（下線①②）
・継続的に見て，変化してきたことを書く（下線①②）
・子どもを肯定的に捉えたうえで，課題を書く（下線③）

図4　「子どもの姿」の文例とポイント

　指導計画では，子どもの姿をもとに「ねらい」を考えることが基本であるため，取り上げる内容に関連を持たせることが大切なポイントです。次ページでは，ここで例に挙げた「子どもの姿」をもとに，紙コップを使った製作「ぴょんぴょんうさぎ」とそれを使った遊びの「ねらい」「内容」を説明しています。「子どもの姿」と「ねらい」「内容」のつなげ方について，確認してください。

　部分実習や責任実習の場合，「子どもの姿」は，その日に行う主活動に関連する生活や遊びの様子を中心に取り上げるのがポイントです。例えば，責任実習では一日の指導計画を書きますが，クラスでの主活動でゲームをする場合は，友達関係の育ちやルールの理解に関する様子を取り上げ，これをもとにゲーム活動に関する「ねらい」と「内容」を書くようにします。

　なお，クラス活動を行わない遊びを中心とした保育の場合は，保育者と相談しながら書くようにしてください。

(2) 「ねらい」と「内容」の書き方

　指導計画における「ねらい」には，「子どもの姿」をもとに，子どもに期待する育ちや経験してほしいことを書きます。「内容」は，「ねらい」を達成するために，子どもに経験してほしいことをさらに具体的に書きます。大切なポイントは，「子どもの姿」，「ねらい」，「内容」につながりを持たせるということです。

　以下は，製作活動に興味があり，友達と一緒にルールのある遊びが楽しめるようになった子どもの姿から，「ぴょんぴょんうさぎ」を使って遊んでほしいとの考えた場合のねらいと内容です。

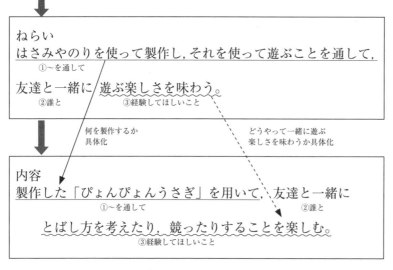

子どもの姿
　はさみやのりを使った製作に興味を持ち，自ら作ったものを用いた遊びを楽しむ子どもが増えてきている。
　気の合う友達と一緒に遊ぶ姿が多くなり，保育者を交えながら鬼ごっこなど簡単なルールのある遊びも楽しめるようになってきている。自分の思いをだせるようになったことによりトラブルもあるが，しだいに友達の思いにも気づけるようになってきている。

ねらい
はさみやのりを使って製作し，それを使って遊ぶことを通して，
　①〜を通して
友達と一緒に　遊ぶ楽しさを味わう。
　②誰と　　　　　③経験してほしいこと

【ねらいの書き方のポイント】
・「子ども」を主語にして書く
・柔軟性を持たせるため，
　具体的な活動名は書かない

何を製作するか
具体化

どうやって一緒に遊ぶ
楽しさを味わうか具体化

内容
製作した「ぴょんぴょんうさぎ」を用いて，友達と一緒に
　①〜を通して　　　　　　　　　　　　　　②誰と
とばし方を考えたり，競ったりすることを楽しむ。
　③経験してほしいこと

【内容の書き方のポイント】
・「子ども」を主語にして書く
・ねらいよりも具体化する
・活動名＋経験してほしいことを書く

図5　部分実習指導計画「ぴょんぴょんうさぎ」の製作とそれを使った活動例

ねらいと内容の文章作成にあたっては，表1の①から③が含まれるようにすることが大切です。特に，③の経験してほしいことを必ず書き加えるようにします。また，文章の語尾については，部分案・日案のような短い計画の場合，語尾には，楽しむ，気づくなどのようにその日，その場で子どもが経験できる表現を用いるのがコツです。

表1 「ねらい」「内容」の文章の構成と文例

文章の構成	文例（部分案・日案の場合）
①具体的な活動	〜を通して
②誰と	友達と一緒に，保育者や友達と
③経験してほしいこと（お勧めの語尾）	〜することを（楽しむ，気づく，味わう，親しむ，気持ちを持つ　など）

(3) 「準備」の書き方

準備の欄には，材料や用具，教材の事前準備など，主に物に関わる準備について具体的に書きます。この欄がない様式の場合には，「環境構成の工夫」欄に記述します。

(4) 「予想される子どもの姿」の書き方

予想される子どもの姿には，活動の大まかな流れと，子どもの活動内容を具体的に書いていきます。あらかじめ，子どもの様子を想定しておくことで，きめ細やかで，臨機応変な対応ができるようにするためです。

実習日誌は出来事の記録ですが，指導案は予想して書くところに違いがあります。書き方の基本ルールは，実習日誌と同じです。

(5) 「環境構成」の書き方

子どもが主体的に活動し，必要な経験ができるようにするための物的環境の構成について，活動の流れに沿って書きます。具体的には，材料や用具などの準備や手順，保育者や子どもの配置図等が挙げられます。子どもの動線や安全面についても，十分に配慮することが大切です。

(6) 「実習生の援助」の書き方

活動の展開にあたって，ねらいを達成するために実習生が行う援助を具体的に書きます。「行動＋意図」を書くという，書き方の基本ルールは，実習日誌と同じです。

クラス全体への子どもの援助に加えて，活動に躓きそうな子どもや活動の時間差が生じた場合の対応など，一部の子どもへの援助も想定し，一人一人に目を向けた配慮も書く必要があります。

部分実習指導計画案

実施日	対象児	実施場所	学籍番号
9月7日（木）	4歳児　そらクラス 男児　13名 女子　13名	保育室	氏名 ○○　○○

子どもの姿

　はさみやのりを使った製作に興味を持ち，自ら作ったものを用いた遊びを楽しむ子どもが増えてきている。気の合う友達と一緒に遊ぶ姿が多くなり，保育者を交えながら鬼ごっこなど簡単なルールのある遊びも楽しめるようになってきている。自分の思いをだせるようになったことによりトラブルもあるが，しだいに友達の思いにも気づけるようになってきている。

ねらい	はさみやのりを使って製作し，それを使って遊ぶことを通して，友達と一緒に遊ぶ楽しさを味わう。	内容	製作した「ぴょんぴょんうさぎ」を用いて，友達と一緒にとばし方を考えたり，競ったりすることを楽しむ。

準備
- 紙コップ78個（1人3個）。切り込みを入れる部分に，印を付けておく（＋予備：10個）。
- 輪ゴム26個（1人1本）。輪ゴムの中央に結び目を付けておく（＋予備：10本）。
- 画用紙26枚（1人1枚）。うさぎの耳とのりしろを描いておく（＋予備
- 製作見本，のり下紙，お手拭き，セロハンテープ6台，材料配付用のかご
　名前シール，机
- 子どもが用意するもの：色ペン，はさみ，のり

時間	予想される子どもの姿	環境構成	実習生の援助
10：50	○製作についての話を聞く。 ・製作物「ぴょんぴょんうさぎ」の紙コップシアターを見て，製作に興味を持つ。 ・グループごとに，製作に必要な道具を取りにいく。 ・材料とのり下紙を受け取る。	〈配付物：一人分〉 ・紙コップ2個（印なし） ・画用紙1枚 ・輪ゴム1個 ・セロハンテープ ・のり下紙 （座席図：ピアノ，出入口，ロッカー，●実習生　○子ども）	・お話が始まることを伝え，見える位置に椅子を移動するよう伝える。 ・「ぴょんぴょんうさぎ」を用いて，うさぎが跳び方を競う話を演じ，製作やその後の遊びに興味が持てるようにする。 ・準備が整ったグループから材料等を配り，触らずに待つよう伝える。
11：00	○「ぴょんぴょんうさぎ」の製作をする。 ・うさぎの耳を切り，紙コップに貼る。 ・うさぎの顔を描く。 ・紙コップに切り込みを入れる。 ・輪ゴムをかける。 ・テープで紙コッ	〈配付物：一人分〉 ・印が付いた紙コップ1個	・大きな紙で示範を見せながら耳の切り方，付け方を伝え，作り方のイメージ持てるようにする。はさみ持ち方，のりの量についても確認をする。 ・耳ができた子どもから，うさぎの顔を描くよう伝える。早く描けた子どもには，うさぎの洋服なども描くよう伝え，個々の進度に気を

11：20	○「ぴょんぴょんうさぎ」をとばして遊ぶ。 ・製作物をとばして遊ぶ。 ・グループでとんだ高さを競って楽しむ。 ・グループごとにとばし方を発表する。 ・活動を振り返る。	 ・輪ゴムが切れる子どもがいた場合に備えて，予備を手元に用意しておく。	・全員がそろったら，とばし方を見せ，各自で挑戦するよう伝える。 ・各グループの様子を見て回りながら，友達とのとび方の違いに興味が持てるように言葉をかけ，とばし方や輪ゴムの結び目の位置の違いに気づけるようにする。 ・グループ内で，誰が一番高くとぶか競争することを伝える。 ・実習生の「３２１ぴょーん」の声に合わせて遊ぶようにすることで，競争する楽しさが味わえるようにする。数回繰り返し，その都度チャンピオンを確認することで，多くの子どもが満足感を持てるようにする。 ・グループごとに前でとばし方を発表する。 ・とばし方のコツや工夫したところについて振り返ることで，次への意欲へとつなげる。
11：45	○片付けをし，給食の準備をする。 ・使った物を片付ける。 ・排泄，手洗いをする。	・ゴミ箱を前に用意しておく。 ・片付け終えたグループのテーブルを拭き，清潔な環境を整える。	・使った道具やゴミを片付けて，作品をロッカーの上に置くよう伝える。

実習生の援助

【書き方のポイント】
①実習生が主語
②文章は現在形
③実習生の行動だけでなく，子どもの主体性や活動への意欲，満足感等に配慮した保育の意図も一緒に書く。

【指導計画によく用いられる文章の形式】

> A「(実習生が) ～することで，(子どもが) ○○できるようにする」

> B「(子どもが) ○○できるよう，(実習生が) ～する」

実習生の行動
(実習生が)
○○することで，

保育の意図
(子どもが)
○○できるようにする

【文例：形式 A】
「ぴょんぴょんうさぎ」を用いて
うさぎが跳び方を競う話を演じることで，
製作やその後の遊びに興味が持てるようにする。

　文章の形式は，行動＋意図をセットにして書く練習のためのものです。書くことに慣れてきたら，この形式に必ずしも当てはめなくてよいです。

ねらいと内容の練習

ねらいと内容を考える手立て

　「子どもの姿」をもとに、「ねらい」と「内容」を考えて文章にするための練習をしてみましょう。改めて、「子どもの姿」「ねらい」「内容」の関係と書き方の概要を説明します。

子どもの姿

　指導計画を実施する前日までの子どもの姿を書く項目です。見たままの姿だけを書くのではなく、子どもが興味・関心を持っていること、継続的に見てこれまでに育ってきていること、生活の様子などを書きます。「ねらい」と関連することを取り上げます。

ねらいと内容

　「子どもの姿」をもとに、育って欲しいことを書いたのが「ねらい」です。「ねらい」を達成するために、子どもに経験してほしいことが「内容」です。「ねらい」よりも、「内容」の方が具体的になるようにすることがポイントになります。

　部分実習や責任実習の場合、短時間の活動を通して育ってほしいことを「ねらい」としています。そのため、その時、その日に達成できることを「ねらい」としましょう。

【例】×「〜をし、想像性を身につける」…理由：想像性はすぐには身につかないため
　　　○「〜を想像し、自分なりに表現することを楽しむ」…理由：その時に達成できるため

> 【よく用いられる語尾】〜を楽しむ、〜に親しむ、〜を味わう、〜に気づく、など

【フルーツバスケットをする場合の文例】

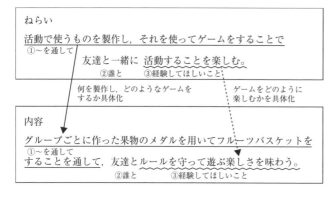

【ねらいの書き方のポイント】
・子どもが主語で書く
・柔軟性を持たせるため、
　具体的な活動名は書かない

【内容の書き方のポイント】
・子どもが主語で書く
・ねらいよりも具体化する
・活動名＋経験してほしいこと
　を書く

Q1 1歳児「動物まねっこ遊び」
「子どもの姿」とイラストの吹き出しをよく読んだうえで，以下に挙げられている
キーワードをできるだけ使って「ねらい」と「内容」を書いてみましょう。

子どもの姿
　食べ物や動物がでてくる手遊びや歌を喜び，保育者の身振りを真似たり，リズムに合わせて体を揺らしたりすることを楽しむ姿が見られる。保育者や友達と一緒に体を動かすことを好む子どもが増えてきており，ブロックからジャンプしたり，でこぼこ道を歩いたりなどの遊びを楽しんでいる姿が見られる。

・動物への興味を大切にしたい
・身振りを真似る遊びを楽しんでほしい
・体を動かす活動を楽しんでほしい

① 「ねらい」：用いるキーワード「動きを真似て遊ぶ」「全身を動かす」

ねらい

文章の主語は，子どもで，現在形です。①具体的な活動（〜を通して），②誰と，③経験してほしいこと（〜することを）が含まれるようにします。

② 「内容」：に用いるキーワード「動物まねっこ遊び」「動物の動き」

内容

「ねらい」よりも「内容」の方が具体的になるようにします。①具体的な活動（〜を通して），②誰と，③経験してほしいこと（〜することを）が含まれるようにします。①には，「動物まねっこ遊び」を使用します。③経験してほしいこと（〜することを）には，「ねらい」のキーワードである「全身を動かす」を具体的に考え，どのように体を動かすかを文章にします。

Q2 3歳児「七夕飾りの製作」

「子どもの姿」とイラストの吹き出しをよく読んだうえで，以下に挙げられているキーワードをできるだけ使って「ねらい」と「内容」を書いてみましょう。

子どもの姿

　七夕祭りが近づき，園内の七夕飾りを見る中で，行事に関心を持っている姿が見られる。クラス活動で七夕の由来や行事についての話を聞いたことで，自分の飾りを作りたいという気持ちを持っている様子が見られる。

　最近では，丸，三角，四角を組み合わせた見立て遊びや，のりを使った製作を楽しんでいる。

・七夕の行事に親しんでほしい
・七夕飾り作りに取り組んでほしい
・丸，三角，四角を組み合わせて，のりを使った製作を楽しんでほしい

① 「ねらい」：用いるキーワード「色紙」「のり」「七夕の行事」

ねらい

文章の主語は，子どもで，現在形です。①具体的な活動（～を通して），②誰と，③経験してほしいこと（～することを）が含まれるようにします。語尾には楽しむ，親しむなどが含まれるようにします。

② 「内容」：用いるキーワード「丸，三角，四角の色紙」「七夕飾り」「七夕の行事」

内容

「ねらい」よりも「内容」の方が具体的になるようにします。①具体的な活動（～を通して），②誰と，③経験してほしいこと（～することを）が含まれるようにします。①には，「丸，三角，四角の色紙」「七夕飾り」を使用します。③は，「七夕の行事」＋「～することを」のような文章になるようにします。

Q3 4歳児「買い物ごっこに向けた財布作り」
「子どもの姿」とイラストの吹き出しをよく読んだうえで，以下に挙げられている
キーワードをできるだけ使って「ねらい」と「内容」を書いてみましょう。

子どもの姿

　近所の商店街に散歩に出かけたことをきっかけに，パン屋，団子屋などのお店や買い物に興味を持ち，経験を振り返りながら気の合う友達と買い物ごっこを楽しむ様子が続いている。「いらっしゃい，いらっしゃい」の声を聞いて，買い物ごっこに加わる子どもが次第に増えてきており，クラス全体での遊びに広がってきている。「これ，いくらにする」と値段を考えたり，「いくらですか？」とお金のやりとりを楽しんだりする姿が見られるようになってきている。

・買い物ごっこをクラス全体で楽しんでほしい
・自分の財布を作ることで，買い物ごっこでのお金を使ったやりとりに興味を持ってほしい

① 「ねらい」：用いるキーワード「製作」「買い物ごっこ」

ねらい

文章の主語は，子どもで，現在形です。①具体的な活動（〜を通して），②誰と，③経験してほしいこと（〜することを）が含まれるようにします。語尾には楽しむ，親しむなどが含まれるようにします。

② 「内容」：に用いるキーワード「財布の製作」「お金」

内容

「ねらい」よりも「内容」の方が具体的になるようにします。①具体的な活動（〜を通して），②誰と，③経験してほしいこと（〜することを）が含まれるようにします。①には，「財布の製作」を使用します。③は，「お金」＋「〜することを」のような文章にするとよいでしょう。

Q1 解説　1歳児「動物まねっこ遊び」の文例とポイント

> **子どもの姿**
> 　食べ物や動物がでてくる手遊びや歌を喜び[①]，保育者の身振りを真似たり，リズムに合わせて体を揺らしたりすることを楽しむ姿[②]が見られる。保育者や友達と一緒に体を動かすことを好む[③]子どもが増えてきており，ブロックからジャンプしたり，でこぼこ道を歩いたりなどの遊びを楽しんでいる姿が見られる。

下線①②③の姿から考えると……

● 育ってほしい・経験してほしいこと
　①動物への興味を大切にしたい
　②身振りを真似る遊びを楽しんでほしい
　③体を動かす活動を楽しんでほしい

● 発達も考慮して「動物まねっこ遊び」を実践することに決定

● 「ねらい」　※網かけは，用いたキーワード

> 保育者の動物の動きを真似て遊ぶ中で，友達と一緒に全身を動かすことを楽しむ。
> 　　　　①具体的な活動（〜を通して）　　　　②誰と　　　　　　③経験してほしいこと

　　　　　　　何をするか具体化　　　　　　　　　どのように全身を動かすか具体化

● 「内容」

> 「動物まねっこ遊び」を通して，友達と一緒に
> 　①具体的な活動（〜を通して）　　　　②誰と
> 動物の動きをイメージしながら歩いたり，跳んだりすることを楽しむ。
> 　　　　　　　　③経験してほしいこと

　「ねらい」よりも，「内容」の方が具体的になるように書くことがポイントです。どのように具体化しているかについては，矢印の部分を確認してください。

　「①具体的な活動（〜を通して）」では，「内容」に「動物まねっこ遊び」という活動の名称を入れることで，「ねらい」よりも具体的になっています。また，ねらいの「③経験してほしいこと」の場合では，「全身を動かす」について，どのように全身を動かすのかを「イメージしながら歩いたり，跳んだり」と具体的にしています。

Q2 解説　3歳児「七夕飾りの製作」の文例とポイント

> 子どもの姿
> 　七夕祭りが近づき，園内の<u>七夕飾りを見る中で，行事に関心を持っている姿</u>①が見られる。クラス活動で七夕の由来や行事についての話を聞いたことで，<u>自分の飾りを作りたいという気持ちを持っている様子</u>②が見られる。
> 　最近では，<u>丸，三角，四角を組み合わせた見立て遊びや，のりを使った製作を楽しんでいる</u>③。

下線①②③の姿から考えると……

● 育ってほしい・経験してほしいこと

①七夕の行事に親しんでほしい

②七夕飾り作りに取り組んでほしい

③丸，三角，四角を組み合わせて，のりを使った製作を楽しんでほしい

● 発達も考慮して「七夕飾りの製作」を実践することに決定

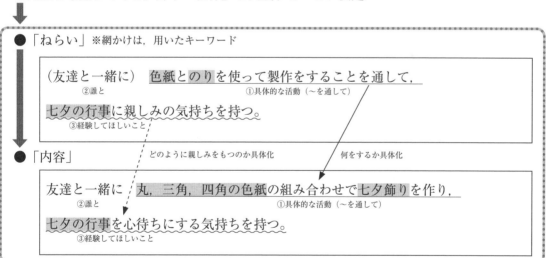

● 「ねらい」※網かけは，用いたキーワード

（友達と一緒に）　色紙とのりを使って製作をすることを通して，
　　　②誰と　　　　　　　　　①具体的な活動（〜を通して）

七夕の行事に親しみの気持ちを持つ。
　　③経験してほしいこと

● 「内容」　　　どのように親しみをもつのか具体化　　　何をするか具体化

友達と一緒に　丸，三角，四角の色紙の組み合わせで七夕飾りを作り，
　②誰と　　　　　　　　　　　①具体的な活動（〜を通して）

七夕の行事を心待ちにする気持ちを持つ。
　　③経験してほしいこと

　「ねらい」よりも，「内容」の方が具体的になるように書くことがポイントです。どのように具体化しているかについては，矢印の部分を確認してください。

　②「誰と」については，「ねらい」か「内容」のどちらかに書かれていれば，活動の内容によっては一方を省略する場合があります。今回の文例の場合は，重複を避けるために「ねらい」の方の②「誰と」を省略したので，（　　）に入れてあります。

Q3 解説　4歳児「買い物ごっこに向けた財布作り」の文例とポイント

> 子どもの姿
>
> 　近所の商店街に散歩に出かけたことをきっかけに，パン屋，団子屋などのお店や買い物に興味を持ち，経験を振り返りながら気の合う友達と買い物ごっこを楽しむ様子が続いている。「いらっしゃい，いらっしゃい」の声を聞いて，買い物ごっこに加わる子どもが次第に増えてきており，クラス全体での遊びに広がってきている[①]。
>
> 「これ，いくらにする」と値段を考えたり，「いくらですか？」とお金のやりとりを楽しんだりする姿が見られるようになってきている[②]。

下線①②の姿から考えると……

● 育ってほしい・経験してほしいこと
　①買い物ごっこをクラス全体で楽しんでほしい
　②自分の財布を作ることで，買い物ごっこでの
　　お金を使ったやりとりに興味を持ってほしい

● 発達も考慮して「買い物ごっこに向けた財布作り」を実践することに決定

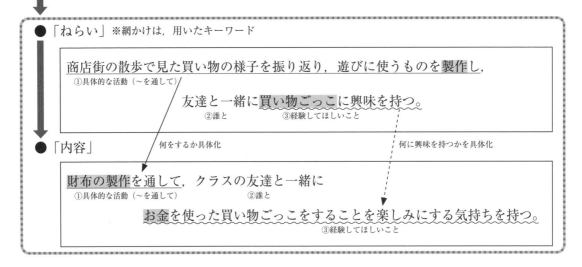

●「ねらい」※網かけは，用いたキーワード

商店街の散歩で見た買い物の様子を振り返り，遊びに使うものを製作し，
　①具体的な活動（〜を通して）
　　　　　　　友達と一緒に買い物ごっこに興味を持つ。
　　　　　　　②誰と　　　　　　③経験してほしいこと

●「内容」　　　　何をするか具体化　　　　　　　　　　　何に興味を持つかを具体化

財布の製作を通して，クラスの友達と一緒に
①具体的な活動（〜を通して）　　　　②誰と
　　　　　　　お金を使った買い物ごっこをすることを楽しみにする気持ちを持つ。
　　　　　　　　　　　　③経験してほしいこと

　矢印の部分を見て，「ねらい」よりも，「内容」の方が具体的になっていることを確認してください。「ねらい」の「遊びに使うものを製作する」について，「内容」を見れば「財布の製作」をすることがわかります。また，「ねらい」の「買い物ごっこ」への興味については，「内容」を見ると「お金を使った買い物ごっこ」を楽しみにするということがわかる構成になって

います。

　実習の場合には，先にやりたい活動を決めてから，「ねらい」と「内容」を考えるケースが多いでしょう。その際には，次のような手順で文章を作成していくことをお勧めします。

やりたい活動が先に決まっている場合の「ねらい」「内容」を考え方

1．「内容」の作成から始めます。「内容」の形式にあてはめて文章案を作成してみます。

　　例：1歳児で「新聞びりびり遊び」をする場合

> 「新聞びりびり遊び」を通して，○○と　○○することを楽しむ。
> 　①具体的な活動（〜を通して）　　　②誰と　　　③経験してほしいこと

2．やりたい活動を通して，経験してほしいことを考えます。

　　・「新聞びりびり遊び」で経験してほしいことは何か？（③経験してほしいこと）

　　・誰と関わって活動してほしいか？（②誰と：「○○と」）

> 「手指を使って新聞を破いたり，それを見立てたりすることを」楽しんでほしい（③）
> 「保育者や友達と一緒に」遊んでほしい（②）

3．1の「内容」の文章案にあてはめて，文章を完成させます。

4．「内容」をもとに，「ねらい」の方が大まかな文章になるように作成します。

> 内容
> 「新聞びりびり遊び」を通して，保育者や友達と一緒に
> 　　手指を使って新聞を破いたり，それを見立てたりすることを楽しむ。

> ねらい
> 新聞で遊ぶことを通して，保育者や友達と一緒に，手指や全身を使った活動を楽しむ。
> 　①具体的な活動（〜を通して）　　　②誰と　　　③経験してほしいこと

絵本の読み聞かせ

右ページの指導計画をよく読んで，Q1からQ3に取り組みましょう

　右の指導計画は，2歳児クラス4月頃の子どもを対象に，絵本『きんぎょがにげた』の読み聞かせを行うことを想定した指導計画です。

　絵本『きんぎょがにげた』は，金魚鉢から逃げ出した1匹の金魚を探すことが楽しいお話です。「きんぎょが　にげた。」「どこに　にげた。」とページをめくると，カーテンの水玉模様や，キャンディーが入ったの瓶の中などに隠れています。「いたよ！」「ここ！」と，金魚を見つけて指さす子どもの姿が見られます。金魚を見つけた喜びを共有しながら，応答的に読み進めていくことを大切にしたい絵本です。

　この時期は，絵本への興味が芽生え，自分の好きな絵本を手に取って，一人でページをめくったり，読み聞かせで覚えた言葉を声に出したりして楽しむ姿が見られるようになります。思ったことをすぐに言葉にして自分の思いを一生懸命伝えようとしますが，上手く言葉にならないこともあります。この指導計画では，1歳児クラスの時に慣れ親しんだ絵本『きんぎょがにげた』の読み聞かせの経験をもとに，友達と一緒に絵本を楽しむことを十分に味わえることを大切にしています。このような発達をふまえながら，次の設問に挑戦してみましょう。

五味　太郎　作
福音館書店　1977年

実施日	対象児	実施場所	学籍番号
4月25日（木）	2歳児　ももクラス 男児 4 名　女子 4 名	保育室	氏名 　　　　○○　　○○

子どもの姿

　クラスで飼育している金魚の水槽をのぞきこみ，指さしたり，名前を読んだりなど，親しみを持っている様子がうかがえる。

　読み聞かせの際には，お話を楽しむ中で，気がついたことをすぐに言葉にして伝えたり，指さしで自分の思いを伝えようとしたりする姿が見られる。好きな遊びの時間には，気に入った絵本を手に取ってページをめくったり，読んでと持ってきたりする子どもがおり，本への興味が育ってきている。その姿を大切にしながら，保育者や友達と共に過ごすことを楽しめるような配慮をしていきたい。

ねらい	身近な金魚に親しみを持ち，友達と一緒に絵本の読み聞かせを楽しむ。	内容	絵本『きんぎょがにげた』の読み聞かせを通して，金魚を探すことを楽しむ。

準備
- 絵本『きんぎょがにげた』
- 読み聞かせ用のマット

時間	予想される子どもの姿	環境構成	実習生の援助
9：30	○実習生の話を聞く。 ・マットに集まって座る。 **Q1-①**	ロッカー　[金魚] 棚 棚　絵本[ごっこ] 出入口　○子ども　●実習生	・読み聞かせが始まることを伝え，集まってマットの上に座るように伝える。 **Q1-②**
9：35	○絵本『きんぎょがにげた』の読み聞かせを楽しむ。 ・ページごとにでてくる金魚を見つけることを楽しむ。 ・前にでて，絵本を指さす子どもがいる。 ・友達と遊び始める子どもがいる。	・絵本を読む時は，装飾がない壁を背にして座るようにする。	・絵本の表紙の金魚を指さしながら，タイトルを読むことで，子どもが絵本に興味を持てるようにする。 **Q2** ・前にでてくる子どもがいる場合には，気持ちを受け止めつつ座るように伝え，他の子どもにも絵本が見えるように持ち方に留意する。 ・興味が途切れてしまった場合には，子どもに声をかけて，読み聞かせに興味が持てるようにする。
9：45	○保育者に引き継ぐ。 ・金魚について気づいたことを伝えようとする。		**Q3.**

絵本の読み聞かせの導入を考えて，書いてみましょう。

読み聞かせが始まることを知って，マットに集まって座っている場面です。

絵本『きんぎょがにげた』の読み聞かせに興味が持てるようにするために，導入として，あなたならどのような活動をするか書いてみましょう。

1 導入として，何の活動をしますか？

----

2 1 で書いた導入として行う活動を，指導計画の項目「子どもの姿」，「実習生の援助」に適した文章になるように書いてみましょう。

Q－❶子どもの姿（子どもが主語）	Q－❷実習生の援助（実習生が主語）
○実習生の話を聞く。 ・マットに集まって座る。	・読み聞かせが始まることを伝え，集まってマットの上に座るように伝える。

導入とは，子どもが活動に興味や意欲が持てるようにするために，活動の前に行うことです。マットに集まった子どもの様子を想像しながら，援助の工夫を考えてみてください。

以下は，絵本の読み聞かせの場面の「予想される子ども姿」の抜粋です。このような子どもがいる場合を想像して，「実習生の援助」を書いてみましょう。

「予想される子どもの姿」
　・ページごとにでてくる金魚を見つけることを楽しむ。

実習生の援助

「きんぎょ，いたよ」と指をさしたり，見つけて嬉しそうにしたりする姿を想像してください。子どもたちが絵本の読み聞かせを楽しめるように，あなたならどのような援助をしますか？

Q3 以下は，絵本の読み聞かせ後の「予想される子どもの姿」の抜粋です。このような子どもがいる場合を想像して，「実習生の援助」を書いてみましょう。

「予想される子どもの姿」
　・金魚について気づいたことを伝えようとする。

実習生の援助

気がついたことを口々に伝えてくる子どもに対して，あなたならどのように関わりますか？そのように関わる意図も含めて考えてみましょう。

導入とは，子どもがこれから取り組む活動に興味や意欲を持てるようにするために行うものです。そのために何を行うかを考えて，導入の内容を選んでいくようにします。以下では，①「手遊びによる導入」，②「飼育している金魚の写真を用いる導入」の２つの文例を説明します。

①手遊びによる導入の場合

①解答（絵本に関連する手遊びを選んでお話に興味が持てるようにする）

本来，手遊びは，それ自体が楽しい遊びです。手遊びを通して，手指の発達や言葉，音楽リズム，数や身の回りのものへの興味が育まれていきます。

手遊びは，活動の導入としてよく用いられますが，静かにさせるための手段ではないことは押さえておきたい点です。絵本の読み聞かせの導入としての保育の意図を考える際には，「子どもを静かにさせる」のではなく，「子どもが落ち着いて話が聞ける環境を整える」というように，子どもが主体で考えることを大切にしてください。

②解答

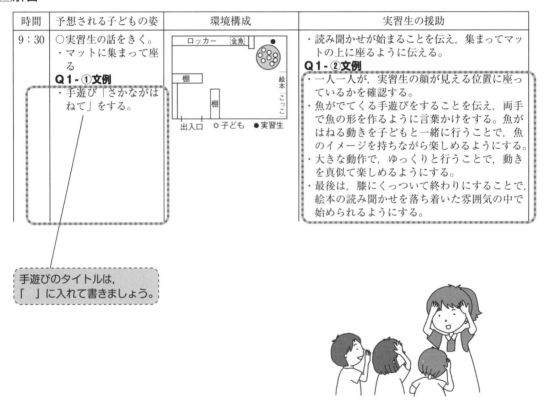

時間	予想される子どもの姿	環境構成	実習生の援助
9：30	○実習生の話をきく。 ・マットに集まって座る **Q1-①文例** ・手遊び「さかながはねて」をする。	ロッカー　金魚 棚 棚 絵本・こっこ 出入口　○子ども　●実習生	・読み聞かせが始まることを伝え，集まってマットの上に座るように伝える。 **Q1-②文例** ・一人一人が，実習生の顔が見える位置に座っているかを確認する。 ・魚がでてくる手遊びをすることを伝え，両手で魚の形を作るように言葉かけをする。魚がはねる動きを子どもと一緒に行うことで，魚のイメージを持ちながら楽しめるようにする。 ・大きな動作で，ゆっくりと行うことで，動きを真似て楽しめるようにする。 ・最後は，膝にくっついて終わりにすることで，絵本の読み聞かせを落ち着いた雰囲気の中で始められるようにする。

手遊びのタイトルは，
「　」に入れて書きましょう。

②子どもの生活経験（飼育している金魚）と関連させた導入

1解答（飼育している金魚の写真を用いる）

　導入として，子どもが日頃経験していることと関連した話をする場合もあります。子どもの経験に基づいて話をすることで，これからの活動を具体的にイメージすることができる良さがあります。以下は，保育室で飼育している金魚の写真を見せることで，視覚的にも理解できる工夫をしています。

　保育のねらいが「身近な金魚に親しみを持ち，友達と一緒に絵本の読み聞かせを楽しむ。」ですので，ねらいをふまえた導入になっているといえます。

2解答

時間	予想される子どもの姿	環境構成	実習生の援助
9：30	○実習生の話を聞く。 ・マットに集まって座る **Q1-①文例** ・金魚の写真を見る。 ・水槽の金魚を指さす子どもがいる。		・読み聞かせが始まることを伝え，集まってマットの上に座るように伝える。 **Q1-②文例** ・一人一人が，絵本が見える位置に座っているかを確認する。 ・飼育している金魚の写真を見せ，金魚がでてくる話であることを伝えることで，絵本に興味が持てるようにする。 ・保育室の水槽を指さす子どもがいる場合は，気持ちを受け止め，他の子どもも金魚と絵本に親しみが湧くようにする。

参考：指人形を使った導入の方法の紹介

　絵本『きんぎょがにげた』の表紙のイラストを指人形にして，導入に使用するのも楽しいでしょう。

　例えば，画用紙で，下のイラストのような袋状の指人形を作り，あらかじめ表紙に貼り付けておきます。金魚が逃げ出すタイミングで袋の穴に指を通して表紙から金魚の指人形を取り外します。いろいろなところへ逃げるやりとりを子どもと楽しんだ後で，絵本の読み聞かせを始めます。

絵本の表紙に白い紙を貼って，きんぎょの絵を隠しておきます。

指人形の例

Q2 解説　絵本の読み聞かせ場面の「実習生の援助」の文例とポイント

　子どもが金魚を見つけることを楽しめるように，子どもの言葉やしぐさを確認しながらページをめくって読み進めることを大切にします。それを文章にしたのが，①です。

　ねらいを「友達と一緒に絵本の読み聞かせを楽しむ」としているため，②の文章は，子どもの姿を受け止める（行動）＋楽しい雰囲気が共有できるように（意図）となっています。

　絵本は，子どもと心を通わせ，共に楽しむものです。読み聞かせることだけに集中するのではなく，お話の内容や特徴，年齢に応じて，どのような読み方が適切かをよく考えることが大切です。

時間	予想される子どもの姿	環境構成	実習生の援助
9：35	○絵本『きんぎょがにげた』の読み聞かせを楽しむ。	・絵本を読む時は，装飾がない壁を背にして座るようにする。	・絵本の表紙の金魚を指さしながら，タイトルを読むことで，子どもが絵本に興味を持てるようにする。　①
	・ページごとにでてくる金魚を見つけることを楽しむ。		・子どもの言葉やしぐさなどの反応を確認しながらページをめくるようにすることで，一人一人が金魚を探す楽しさが味わえるようにする。　② ・絵本にでてくる金魚を見つけて喜ぶ姿や指さしをして伝えようとする姿を受け止めることで，読み聞かせの楽しい雰囲気が共有できるようにする。
	・前にでて，絵本を指さす子どもがいる。 ・友達と遊び始める子どもがいる。		・前にでてくる子どもがいる場合には，気持ちを受け止めつつ座るように伝え，他の子どもにも絵本が見えるように持ち方に留意する。 ・興味が途切れてしまった場合には，子どもに声をかけて，読み聞かせに興味が持てるようにする。

Q3 解説　絵本の読み聞かせ後の場面の「実習生の援助」の文例とポイント

　読み聞かせの後は，子どもから自然に出てくる言葉を受け止めながら，お話の楽しさが感じられるようにすることが大切です。「金魚たくさんいた」，「お話してる」などの言葉をもとに，絵本を開きながら「本当だね，お話してるね。何のお話しているのかな」などと，想像の世界を広げていくのも楽しいでしょう。

時間	予想される子どもの姿	環境構成	実習生の援助
9：45	○保育者に引き継ぐ。 ・金魚について気づいたことを伝えようとする。		・絵本の最後のページを見せながら，金魚について気づいたことや，子どもから自然とでてくる言葉を受け止めることで，読み聞かせの楽しさを感じられるようにする。 ・保育者に引き継ぐ。

指導計画　完成版

実施日	対象児	実施場所	学籍番号
4月25日（木）	2歳児　ももクラス 男児 4 名　女子 4 名	保育室	氏名 　　○○　○○

子どもの姿

　クラスで飼育しているきんぎょの水槽をのぞきこみ，指さしたり，名前を読んだりなど，親しみを持っている様子がうかがえる。

　読み聞かせの際には，お話を楽しむ中で，気がついたことをすぐに言葉にして伝えたり，指さしで自分の思いを伝えようとしたりする姿が見られる。好きな遊びの時間には，気に入った絵本を手に取ってページをめくったり，読んでと持ってきたりする子どもがおり，本への興味が育ってきている。その姿を大切にしながら，保育者や友達と共に過ごすことを楽しめるような配慮をしていきたい。

ねらい	身近な金魚に親しみを持ち，友達と一緒に絵本の読み聞かせを楽しむ。	内容	絵本『きんぎょがにげた』の読み聞かせを通して，金魚を探すことを楽しむ。

準備

・絵本『きんぎょがにげた』
・読み聞かせ用のマット

時間	予想される子どもの姿	環境構成	実習生の援助
9：30	○実習生の話を聞く。 ・マットに集まって座る。 ・金魚の写真を見る。 ・水槽の金魚を指さす子どもがいる。	（ロッカー／金魚／棚／棚／絵本「こっこ」／出入口　○子ども　●実習生）	・読み聞かせが始まることを伝え，集まってマットの上に座るように伝える。 ・一人一人が，絵本が見える位置に座っているかを確認する。 ・飼育している金魚の写真を見せ，金魚がでてくる話であることを伝えることで，絵本に興味が持てるようにする。 ・保育室の水槽を指さす子どもがいる場合は，気持ちを受け止め，他の子どもも金魚と絵本に親しみが湧くようにする。
9：35	○絵本『きんぎょがにげた』の読み聞かせを楽しむ。 ・ページごとにでてくる金魚を見つけることを楽しむ。 ・前にでて，絵本を指さす子どもがいる。 ・友達と遊び始める子どもがいる。	・絵本を読む時は，装飾がない壁を背にして座るようにする。	・絵本の表紙の金魚を指さしながら，タイトルを読むことで，子どもが絵本に興味を持てるようにする。 ・子どもの言葉やしぐさなどの反応を確認しながらページをめくるようにすることで，一人一人が金魚を探す楽しさが味わえるようにする。 ・絵本にでてくる金魚を見つけて喜ぶ姿や指さしをして伝えようとする姿を受け止めることで，読み聞かせの楽しい雰囲気が共有できるようにする。 ・前にでてくる子どもがいる場合には，気持ちを受け止めつつ座るように伝え，他の子どもにも絵本が見えるように持ち方に留意する。 ・興味が途切れてしまった場合には，子どもに声をかけて，読み聞かせに興味が持てるようにする。
9：45	○保育者に引き継ぐ。 ・金魚について気づいたことを伝えようとする。		・絵本の最後のページを見せながら，金魚について気づいたことや，子どもから自然とでてくる言葉を受け止めることで，読み聞かせの楽しさを感じられるようにする。 ・保育者に引き継ぐ。

絵本の読み聞かせから製作活動へ

右ページの指導計画をよく読んで，Q1からQ3に取り組みましょう

　右の指導計画は，1歳児クラス2月頃の子どもを対象に，絵本『ころころころ』の読み聞かせを行い，そのお話をイメージしながら丸シールを貼る製作を行うことを想定した指導計画です。

　絵本『ころころころ』は，カラフルな色玉が様々な「さか」を転がって，終点にたどり着くお話です。色の美しさ，「ころころころ」の言葉の響きやリズムが楽しく，まるで色玉が動いているようにも感じられます。1歳児クラスの子どもたちが，色玉と一緒に冒険をしているような気持ちになれる絵本です。

　つまんだり，ひっぱったりする遊びを楽しめるようになるこの時期の手指の発達をふまえた保育の計画となっています。これらをふまえたうえで，次の設問に挑戦してみましょう。

元永　定正　作
福音館書店　1982年

実施日	対象児	実施場所	学籍番号
2月10日（木）	1歳児　ひよこクラス 男児7名　女子7名	保育室	氏名 　　○○　○○

子どもの姿

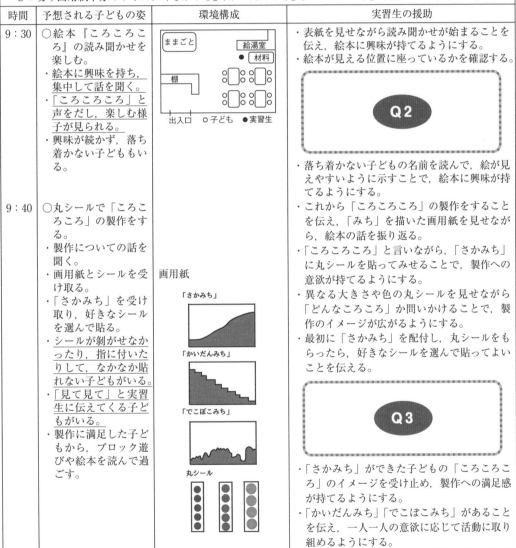

ねらい	絵本の物語をイメージしながら，指先を使った作品作りを楽しむ。	内容	絵本『ころころころ』の読み聞かせをもとに，様々な色玉が転がる様子をイメージしながら，丸シールを貼ることを楽しむ。

準備
- 絵本『ころころころ』
- 丸シール（直径9mm，15mm，20mmの3種類，4色：赤，青，緑，黄色）丸シールのシートは，列ごとに切っておく
- 8つ切り画用紙半分のサイズに「さかみち」「かいだんみち」「でこぼこみち」を描いておく（一人各1枚）

時間	予想される子どもの姿	環境構成	実習生の援助
9：30	○絵本『ころころころ』の読み聞かせを楽しむ。 ・絵本に興味を持ち，集中して話を聞く。 ・「ころころころ」と声をだし，楽しむ様子が見られる。 ・興味が続かず，落ち着かない子どももいる。	ままごと／給湯室／●材料／棚／出入口　○子ども　●実習生	・表紙を見せながら読み聞かせが始まることを伝え，絵本に興味が持てるようにする。 ・絵本が見える位置に座っているかを確認する。 （Q2） ・落ち着かない子どもの名前を読んで，絵が見えやすいように示すことで，絵本に興味が持てるようにする。
9：40	○丸シールで「ころころころ」の製作をする。 ・製作についての話を聞く。 ・画用紙とシールを受け取る。 ・「さかみち」を受け取り，好きなシールを選んで貼る。 ・シールが剥がせなかったり，指に付いたりして，なかなか貼れない子どもがいる。 ・「見て見て」と実習生に伝えてくる子どももいる。 ・製作に満足した子どもから，ブロック遊びや絵本を読んで過ごす。	画用紙 「さかみち」 「かいだんみち」 「でこぼこみち」 丸シール	・これから「ころころころ」の製作をすることを伝え，「みち」を描いた画用紙を見せながら，絵本の話を振り返る。 ・「ころころころ」と言いながら，「さかみち」に丸シールを貼ってみせることで，製作への意欲が持てるようにする。 ・異なる大きさや色の丸シールを見せながら「どんなころころ」か問いかけることで，製作のイメージが広がるようにする。 ・最初に「さかみち」を配付し，丸シールをもらったら，好きなシールを選んで貼ってよいことを伝える。 （Q3） ・「さかみち」ができた子どもの「ころころころ」のイメージを受け止め，製作への満足感が持てるようにする。 ・「かいだんみち」「でこぼこみち」があることを伝え，一人一人の意欲に応じて活動に取り組めるようにする。

Q1 「ねらい」と「内容」をもとに，「子どもの姿」を想像して書いてみましょう。

「ねらい」：絵本の物語をイメージしながら，指先を使った作品作りを楽しむ。

「内　容」：絵本『ころころころ』の読み聞かせをもとに，様々な色玉が転がる様子をイメージしながら，丸シールを貼ることを楽しむ。

子どもの姿

「子どもの姿」「ねらい」「内容」につながりを持たせることがポイントです。これまでの子どもの様子について，どのような情報を入れるとよいでしょうか？

Q2 以下は，絵本の読み聞かせ場面の「予想される子ども姿」の抜粋です。このような子どもがいる場合を想像して，「実習生の援助」を書いてみましょう。

「予想される子どもの姿」

・絵本に興味を持ち，集中して話を聞く。

・「ころころころ」と声をだし，楽しむ様子が見られる。

実習生の援助

子どもたちが絵本の読み聞かせを楽しめるように，あなたならどのような援助をしますか？

① 「予想される子どもの姿」

・シールが剥がせなかったり，指に付いたりして，なかなか貼れない子どもがいる。

実習生の援助

手指の発達に個人差があるため，うまくシールを扱えない子どももいます。あなたならどうしますか？

② 「予想される子どもの姿」

・「見て見て」と実習生に伝えてくる子どもがいる。

実習生の援助

「見て見て」と伝えてくる子どもにどのような意図を持って関わりますか？

Q1 解説 「子どもの姿」の文例とポイント

　ねらいと内容では，「絵本」と「指先を使った作品作り」が取り上げられています。そのため，子どもの姿を書く際には，これらに関連する子どもの日頃の生活や遊びの様子を取り上げます。見たままの姿を書くのではなく，育ってきていることを書くことが大切なポイントです。実習では，クラスの子どもの様子をよく観察し，発達をふまえながら書いていくとよいでしょう。

　本来は，子どもの姿をもとに，ねらいと内容を考えるのが基本ですので，考え方の流れは逆になります。「子どもの姿」，「ねらい」，「内容」につながりを持たせるためのコツをつかむ練習として，理解してください。

実施日	対象児	実施場所	学籍番号
2月10日（木）	1歳児　ひよこクラス 男児 7名 女子 7名	保育室	氏名　　　　○○　　○○

子どもの姿
　絵本に興味を持ち，好きな本を自分で手に取って読んだり，保育者の読み聞かせを友達と一緒に楽しんだりする姿が見られるようになってきている。
　布やボタンをつまむ，粘土やシール貼りをするなど，指先を使った遊びを好み，集中して取り組む姿が見られる。生活の中でも，自分でボタンをはめたり，外したりしようとする意欲が育ってきている。

ねらい	絵本の物語をイメージしながら，指先を使った作品作りを楽しむ。	内容	絵本『ころころころ』の読み聞かせをもとに，様々な色玉が転がる様子をイメージしながら，丸シールを貼ることを楽しむ。

準備
・絵本『ころころころ』
・丸シール（直径 9 mm, 15mm, 20mm の 3 種類， 4 色：赤，青，緑，黄色）丸シールのシートは，列ごとに切っておく
・8つ切り画用紙半分のサイズに「さかみち」「かいだんみち」「でこぼこみち」を描いておく（一人各 1 枚）

「準備」について

> 用意するものを書くだけでなく，数や大きさ，下準備を書きましょう。

「ねらい」と「内容」について

> 「ねらい」よりも，「内容」の方が具体的になっていることが大切です。
>
> 「ねらい」
> 　絵本の物語をイメージしながら，
> 　　指先を使った作品作りを楽しむ。
>
> 　　何をイメージするか　　何を製作するか
> 　　　　具体化　　　　　　　具体化
> 「内容」
> 　絵本『ころころころ』の読み聞かせをもとに，
> 　様々な色玉が転がる様子をイメージしながら，丸
> 　シールを貼ることを楽しむ。

Q2 解説 絵本の読み聞かせ場面の「実習生の援助」の文例とポイント

　絵本『ころころころ』は，様々な色玉がかいだんみち，でこぼこみちなどを転がっていくお話です。「ころころころ」のリズムが楽しく，読み方の工夫によって色玉の転がり方のイメージも広がります。子どもが絵本の読み聞かせを楽しめるようにするために，行うこと（行動）＋なぜ行うのか（意図）を文章にします。

　①の文例は，「『ころころころ』のリズムや様々な転がり方のイメージを楽しめるように」するために（意図），子どもの反応を受け止めながら読み進める（行動）という形式になっています。

　②の文例は，「ころころころ」と声をだして楽しむ子どもの姿に応じて絵本を実習生が絵本を傾けて（行動），「色玉が転がるイメージが膨らむように（意図）」するという形式になっています。

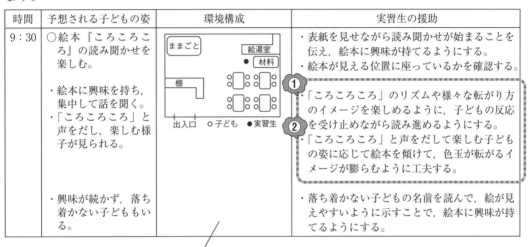

時間	予想される子どもの姿	環境構成	実習生の援助
9：30	○絵本『ころころころ』の読み聞かせを楽しむ。 ・絵本に興味を持ち，集中して話を聞く。 ・「ころころころ」と声をだし，楽しむ様子が見られる。 ・興味が続かず，落ち着かない子どももいる。		・表紙を見せながら読み聞かせが始まることを伝え，絵本に興味が持てるようにする。 ・絵本が見える位置に座っているかを確認する。 ①「ころころころ」のリズムや様々な転がり方のイメージを楽しめるように，子どもの反応を受け止めながら読み進めるようにする。 ②「ころころころ」と声をだして楽しむ子どもの姿に応じて絵本を傾けて，色玉が転がるイメージが膨らむように工夫する。 ・落ち着かない子どもの名前を読んで，絵が見えやすいように示すことで，絵本に興味が持てるようにする。

環境構成図について

　　この場合は，絵本の読み聞かせの後に製作を行いますので，机と椅子がある状態で読み聞かせを行っています。保育室にゆとりがある場合は，みんなで集まって読んでから，椅子に座るという方法もよいでしょう。
　　実習園のいつものやり方と同じように行うと子どもも安定しますので，保育者に確認してみましょう。

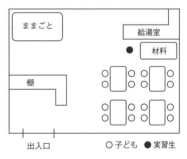

この環境構成図からは，保育室のどこに机と椅子を出すか，どこに実習生が立つかなども読み取ることができます。

　自分でできたという気持ちを大切にするために，「やりたい」という意欲を持って取り組む姿が見られる場合は，見守ることを基本とします。シールをシートから剥がすのが難しい場合でも，剥がして渡すのではなく，子どもが自分で剥がしやすいようにすることで，「自分でできた」という経験を積み重ねられるようにしていきます。この考え方を文章にすると①のようになります。「行動＋意図」の形式になっています。

時間	予想される子どもの姿	環境構成	実習生の援助
9：40	○丸シールで「ころころころ」の製作をする。 ・製作についての話を聞く。 ・画用紙とシールを受け取る。 ・「さかみち」を受け取り，好きなシールを選んで貼る。 ・シールが剥がせなかったり，指に付いたりして，なかなか貼れない子どもがいる。 ・「見て見て」と実習生に伝えてくる子どもがいる。 ・製作に満足した子どもから，ブロック遊びや絵本を読んで過ごす。	画用紙 「さかみち」 「かいだんみち」 「でこぼこみち」 丸シール	・これから「ころころころ」の製作をすることを伝え，「みち」を描いた画用紙を見せながら，絵本の話を振り返る。 ・「ころころころ」と言いながら，「さかみち」に丸シールを貼ってみせることで，製作への意欲が持てるようにする。 ・異なる大きさや色の丸シールを見せながら「どんなころころ」か問いかけることで，製作のイメージが広がるようにする。 ・最初に「さかみち」を配付し，丸シールをもらったら，好きなシールを選んで貼ってよいことを伝える。① ・シールを自分で剥がそうとする姿を見守りながら，剥がすのが難しい子どもには，指でつまみやすいようにシールの端を少しめくることで，意欲的に製作に取り組めるようにする。② ・「見て見て」と伝えてくる子どもには，一人一人の「ころころころ」のイメージを受け止めながら，シールが貼れた満足感が持てるようにする。 ・「さかみち」ができた子どもの「ころころころ」のイメージを受け止め，製作への満足感が持てるようにする。 ・「かいだんみち」「でこぼこみち」があることを伝え，一人一人の意欲に応じて活動に取り組めるようにする。

　援助を考える際には，ねらいと内容をふまえることがポイントです。文例②「一人一人の『ころころころ』のイメージを受け止めながら」の部分が，下のねらいと内容のアンダーライン部分と関連しています。この場合，作品を一緒に見ながら，「ころころころってなってるね」と言葉かけをしている姿を想定しています。

　ただし，実際に製作活動を行った際には，「ころころころ」のイメージではなく，シールを貼ること自体を楽しむ子どもがいるかもしれません。その場合は，その姿を尊重する柔軟さも大切になります。

「ねらい」
　絵本の物語をイメージしながら，指先を使った作品作りを楽しむ。
「内容」
　絵本『ころころころ』の読み聞かせをもとに，様々な色玉が転がる様子をイメージしながら，丸シールを貼ることを楽しむ。

指導計画　完成版

実施日	対象児	実施場所	学籍番号
2月10日（木）	1歳児　ひよこクラス 男児 7名　女子 7名	保育室	氏名 　　○○　　○○

子どもの姿
　絵本に興味を持ち，好きな本を自分で手に取って読んだり，保育者の読み聞かせを友達と一緒に楽しんだりする姿が見られるようになってきている。
　布やボタンをつまむ，粘土やシール貼りをするなど，指先を使った遊びを好み，集中して取り組む姿が見られる。生活の中でも，自分でボタンをはめたり，外したりしようとする意欲が育ってきている。

ねらい	絵本の物語をイメージしながら，指先を使った作品作りを楽しむ。	内容	絵本『ころころころ』の読み聞かせをもとに，様々な色玉が転がる様子をイメージしながら，丸シールを貼ることを楽しむ。

準備
・絵本『ころころころ』
・丸シール（直径 9mm，15mm，20mm の 3種類，4色：赤，青，緑，黄色）丸シールのシートは，列ごとに切っておく
・8つ切り用画用紙半分のサイズに「さかみち」「かいだんみち」「でこぼこみち」を描いておく（一人各 1枚）

時間	予想される子どもの姿	環境構成	実習生の援助
9：30	○絵本『ころころころ』の読み聞かせを楽しむ。 ・絵本に興味を持ち，集中して話を聞く。 ・「ころころころ」と声をだし，楽しむ様子が見られる。 ・興味が続かず，落ち着かない子どももいる。	［ままごと］［給湯室］［材料］［棚］ 出入口　○子ども　●実習生	・表紙を見せながら読み聞かせが始まることを伝え，絵本に興味が持てるようにする。 ・絵本が見える位置に座っているかを確認する。 ・「ころころころ」のリズムや様々な転がり方のイメージを楽しめるように，子どもの反応を受け止めながら読み進めるようにする。 ・「ころころころ」と声をだして楽しむ子どもの姿に応じて絵本を傾けて，色玉が転がるイメージが膨らむように工夫する。 ・落ち着かない子どもの名前を読んで，絵が見えやすいように示すことで，絵本に興味が持てるようにする。
9：40	○丸シールで「ころころころ」の製作をする。 ・製作についての話を聞く。 ・画用紙とシールを受け取る。 ・「さかみち」を受け取り，好きなシールを選んで貼る。 ・シールが剥がせなかったり，指に付いたりして，なかなか貼れない子どもがいる。 ・「見て見て」と実習生に伝えてくる子どももいる。 ・製作に満足した子どもから，ブロック遊びや絵本を読んで過ごす。	**画用紙** 「さかみち」 「かいだんみち」 「でこぼこみち」 **丸シール**	・これから「ころころころ」の製作をすることを伝え，「みち」を描いた画用紙を見せながら，絵本の話を振り返る。 ・「ころころころ」と言いながら，「さかみち」に丸シールを貼ってみせることで，製作への意欲が持てるようにする。 ・異なる大きさや色の丸シールを見せながら「どんなころころ」か問いかけることで，製作のイメージが広がるようにする。 ・最初に「さかみち」を配付し，丸シールをもらったら，好きなシールを選んで貼ってよいことを伝える。 ・シールを自分で剥がそうとする姿を見守りながら，剥がすのが難しい子どもには，指でつまみやすいようにシールの端を少しめくることで，意欲的に製作に取り組めるようにする。 ・「見て見て」と伝えてくる子どもには，一人一人の「ころころころ」のイメージを受け止めながら，シールが貼れた満足感が持てるようにする。 ・「さかみち」ができた子どもの「ころころころ」のイメージを受け止め，製作への満足感が持てるようにする。 ・「かいだんみち」「でこぼこみち」があることを伝え，一人一人の意欲に応じて活動に取り組めるようにする。

ルールのある遊び　－じゃんけん電車－

以下の指導計画をよく読んで，Q1からQ4に取り組みましょう

　以下の指導計画は，5歳児クラス4月頃の子どもたち28名を対象に「じゃんけん電車」を行うための指導計画です。「じゃんけん電車」は，子どもが電車をイメージしながら「ゴーゴーゴーゴーじゃんけん電車」という歌とピアノ演奏に合わせて移動し，曲が終わったところで相手を見つけてじゃんけんをするゲームです。負けた人は，勝った人の後ろから肩を持ちます。最終的に，長い電車の先頭になった人が勝ちです。

　まずは，以下の「子どもの姿」をよく読んで，この時期の子どもたちの様子を想像してみてください。その後，指導計画全体に目を通したうえで，4つの設問に取り組んでください。

実施日	対象児	実施場所	学籍番号
4月15日（水）	5歳児　　クラス 男児 13名　女子 15名	保育室	氏名 　　　○○　　○○

子どもの姿
　進級によって新しいクラスや担任になり，多くの子どもが大きくなったことに喜びを感じている様子がうかがえる。中には，身の回りの始末の仕方や環境の変化に慣れず，少し戸惑いや緊張をしている子どもも見受けられる。
　年中クラスの頃から仲の良い友達と少人数で遊ぶことが多いため，言葉を交わすことが少なく，まだ名前を覚えられていない友達もいる。新しいクラスの友達にも目を向けられるように，一緒に遊ぶ経験を大切にしたい。

ねらい	Q1-①	内容	Q1-②

準備
・「じゃんけん電車」楽譜
・活動する場所が確保できるよう，活動の前に椅子を端に寄せておく。

時間	予想される子どもの姿	環境構成	実習生の援助
10：00	○じゃんけん電車についての話を聞く。 ・実習生の前に座って，ルールの説明を聞く。 ・ゲームが楽しみになり，落ち着かない子どもがいる。	〈環境図〉 出入口／ピアノ／ままごと／ロッカー／机・椅子／棚／出入口　○子ども　●実習生 〈じゃんけん電車ルール〉 ①自身が電車であることをイメージしながら，ピアノの音に合わせて移動する。 ②曲が終わったら，ペアになり，じゃんけんをする。 ③負けた人は，勝った人の後ろに行き，肩を持つ。 ④①～③を繰り返し，一列の電車になったらゲーム終了とする。 〈じゃんけん電車の歌詞〉 ゴーゴーゴーゴーじゃんけん電車 だんだんだんだん長くなる ゴーゴーゴーゴーじゃんけん電車 さあ，相手は君だ じゃんけんぽん	・じゃんけん電車をすることを伝え，歌をうたいながら電車の動きを見せることで，ゲームに興味が持てるようにする。 **Q2** ・説明の途中で立ち上がる子どもには，まだ出発しないで待っているように電車のイメージを用いて言葉かけすることで，楽しみながら話が聞けるようにする。
10：10	○じゃんけん電車をする。 ・ピアノの演奏に合わせて動く。 ・走りだそうとする子どもがいる。 ・演奏が止まったら，相手を見つけてじゃんけんをする。 ・負けた人は，勝った人の後ろに立ち，肩を持つ。 ・列が長くなり，前の人の肩から手を離す子どもがいる。 ・一列になるまでじゃんけんを繰り返す。 ・電車の先頭になった子どもは，自分の名前をみんなに伝える。 ・3回目は，「足じゃんけん」でゲームを楽しむ。		・電車のイメージを大切にしながら「衝突事故に注意する」ように伝え，楽しい雰囲気の中で走らないことを意識できるようにする。 ・走る子どもがいる場合には，ピアノ演奏を途中で止めて，リズムをよく聞きながら動くように言葉かけし，落ち着けるようにする。 **Q3** ・次のピアノを演奏する前に，前の人の肩を持って並んでいるかを確認する。 ・演奏のスピードをゆっくりにしたり，早めたりして，ピアノの音をよく聞きながら動くように伝えることで，走ったり，手を離して列が途切れたりしないように配慮する。 ・電車の列が長くなってきた際には，後ろの子どもにも先頭のじゃんけんが見えるようにすることで，ゲームに参加している気持ちが持てるようにする。 **Q4** ・子どもの様子に応じて3回目のゲームで「足じゃんけん」を取り入れることで，活動への興味が高まるようにする。 ・「足じゃんけん」を行う際には，友達とぶつからないように，子ども同士の空間の確保に配慮する。
10：50	○活動を振り返る。 ・ゲームをした感想を話す。		・活動を振り返り，面白かったところ，難しかったところなどを共有することで，次回のゲームへの意欲につなげられるようにする。

「子どもの姿」をもとに，以下に挙げられているキーワードを使って「ねらい」と「内容」を書いてみましょう。

子どもの姿

　進級によって新しいクラスや担任になり，多くの子どもが大きくなったことに喜びを感じている様子がうかがえる。中には，身の回りの始末の仕方や環境の変化に慣れず，少し戸惑いや緊張をしている子どもも見受けられる。

　年中クラスの頃から仲の良い友達と少人数で遊ぶことが多いため，言葉を交わすことが少なく，まだ名前を覚えられていない友達もいる。新しいクラスの友達にも目を向けられるように，一緒に遊ぶ経験を大切にしたい。

① 「ねらい」に用いるキーワード：「友達と触れ合う遊び」「新しいクラスの友達」

ねらい

「子どもの姿」をもとに，子どもに育ってほしいことが「ねらい」，そのために子どもに経験してほしいことが「内容」です。①具体的な活動（〜を通して），②誰と，③経験してほしいこと（〜することを）が含まれるようにします。語尾は，楽しむ，親しむなどを用います。文章の主語は，子どもです。

② 「内容」に用いるキーワード：「じゃんけん電車」「新しい友達」

内容

「ねらい」を達成するために，子どもに経験してほしいことが「内容」です。①具体的な活動（〜を通して），②誰と，③経験してほしいこと（〜することを）が含まれるようにします。語尾は，楽しむ，親しむなどを用います。③には，「じゃんけん電車」を行うことで経験してほしいことを具体的に書きましょう。

Q2 以下は，ルール説明場面での「予想される子ども姿」の抜粋です。子どもの様子を想像して，「実習生の援助」を書いてみましょう。

「予想される子どもの姿」

・実習生の前に座って，ルールの説明を聞く。

実習生の援助

子どもたちがルールを理解できるようにするためには，どのように説明すると伝わりやすいでしょうか？説明の仕方を具体的に考えてみましょう。

Q3 以下は，じゃんけんをする場面の「予想される子どもの姿」の抜粋です。子どもの様子を想像して，「実習生の援助」を書いてみましょう。

「予想される子どもの姿」

・演奏が止まったら，相手を見つけてじゃんけんをする。

実習生の援助

子どもが相手を見つけてじゃんけんをする際，どのようなことが予想できますか？子どもの動きを想像しながら考えましょう。

Q4 以下は，「予想される子どもの姿」の抜粋です。1回目の遊びが終了し，電車の先頭になった子どもが決定したら，その子どもが「自分の名前をみんなに伝える」計画になっています。なぜ，そのような計画にしたのでしょうか？
右ページQ1の解説をもとに保育の意図を考えて，「実習生の援助」を書いてみましょう。

「予想される子どもの姿」

・一列になるまでじゃんけんを繰り返す。

・電車の先頭になった子どもは，自分の名前をみんなに伝える。

実習生の援助

先頭になった子どもが自己紹介をすることにした理由を，右ページQ1の解説を読んだうえで，子どもの姿やねらいと内容と関連づけて考えてみましょう。

118

Q1 解説 「ねらい」と「内容」の文例とポイント

　子どもの姿には，進級して間もないため，まだ緊張している子ども，新しい友達との関わりが少ない子どもの様子が取り上げられています。「新しいクラスの友達にも目を向けられるように，一緒に遊ぶ経験を大切にしたい」という願いも書かれています。

　これをふまえると，ねらいのキーワード「友達と触れ合う遊び」「新しいクラスの友達」や，内容のキーワード「じゃんけん電車」「新しい友達」からは，一緒に遊ぶことで友達に親しみを持ってほしいという保育の意図を読み取ることができます。

実施日	対象児	実施場所	学籍番号
4月15日（水）	5歳児　　　クラス 男児 13名　女子 15名	保育室	氏名 　○○　○○

子どもの姿
　進級によって新しいクラスや担任になり，多くの子どもが大きくなったことに喜びを感じている様子がうかがえる。中には，身の回りの始末の仕方や環境の変化に慣れず，<u>少し戸惑いや緊張をしている子ども</u>も見受けられる。
　年中クラスの頃から仲の良い友達と少人数で遊ぶことが多いため，言葉を交わすことが少なく，まだ名前を覚えられていない友達もいる。新しいクラスの友達にも目を向けられるように，一緒に遊ぶ経験を大切にしたい。

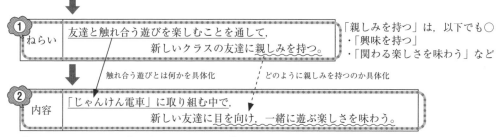

①ねらい　友達と触れ合う遊びを楽しむことを通して，新しいクラスの友達に親しみを持つ。

「親しみを持つ」は，以下でも○
・「興味を持つ」
・「関わる楽しさを味わう」など

触れ合う遊びとは何かを具体化　　どのように親しみを持つのか具体化

②内容　「じゃんけん電車」に取り組む中で，新しい友達に目を向け，一緒に遊ぶ楽しさを味わう。

　②誰とについては①具体的な活動と③経験してほしいことから読み取れるため省略しています。内容については，文例の他にも「新しい友達の名前に興味を持ちながら，一緒に遊ぶことを楽しむ」，「連なって歩くことやじゃんけんを楽しみ，新しい友達と関わる楽しさを味わう」などが考えられます。答えが一つではないところが，指導計画の難しさでもあり，面白さでもあります。何を大切にして保育をしたいかをよく考えることが大切になります。

部分実習，責任実習のねらいと内容の言葉選びについて

　　部分実習，責任実習は，短時間あるいは一日の指導計画です。その時間，その日に子どもに経験してほしいこと，育ってほしいことを表す言葉選びが大切です。
　　例えば，「想像性を育む」というのは，何年もかけて育てていくことですので，部分実習，責任実習のような短い指導計画には適さない表現です。「想像することを楽しむ」といった表現を選ぶとよいでしょう。
　　指導計画の長さに応じた言葉を選びがポイントになります。

　実習生の前に座って，ルールの説明を聞いている子どもに対して，「じゃんけん電車」のルールをどのように説明するかを書きます。「わかりやすく説明する」と書いているのをよく見かけますが，これだけでは具体的な方法がわかりません。誰が読んでも，何をするのかがわかることが大切になります。

　文例の「じゃんけん電車の歌をうたいながら動きを示すことで」のように，具体的な方法を書くようにします。言葉だけで一方的に説明するよりも，実際に動きを見せながら説明すると伝わりやすくなります。2つめの文例では，子どもに「○○するのはどう？」と問いかけることで，子どもが自分で考えながらルールを理解できるようにしています。例えば，「電車になった時，早く走るのはどう？」と聞くと，「だめ～」と子どもが答える姿をイメージしてください。話を集中して聞くことができるようにするための，保育技術の一つといえます。

イメージを共有する言葉かけについて

　「まだ動かないでね」よりも，「まだ出発しないでね」と言葉かけする方が，子どもに伝わりやすく，楽しい雰囲気を大切にすることができます。
　遊びのイメージを共有できるような，それぞれの活動に応じた言葉かけの工夫を考えてみてください。

Q3 解説　じゃんけんをする場面の「実習生の援助」の文例とポイント

　曲の演奏が終わって，じゃんけんをする場面では，相手が見つからない子どもがいることが予想されます。「お友達を探してごらん」と言葉かけをして見守りつつ，不安にならないように相手を見つけられるように援助します。これを文章にしたのが，以下の文例になります。

　また，クラスの人数は偶数でも，当日，休む子どもがいるかもしれないことも想定し，援助を考えるようにします。

時間	予想される子どもの姿	環境構成	実習生の援助
10：10	○じゃんけん電車をする。 ・ピアノの演奏に合わせて動く。 ・走り出そうとする子どもがいる。 ・演奏が止まったら，相手を見つけてじゃんけんをする。 ・負けた人は，勝った人の後ろに立ち，肩を持つ。 ・列が長くなり，前の人の肩から手を離す子どもがいる。	〈じゃんけん電車ルール〉 ①自身が電車であることをイメージしながら，ピアノの音に合わせて移動する。 ②曲が終わったら，ペアになり，じゃんけんをする。 ③負けた人は，勝った人の後ろに行き，肩を持つ。 ④①〜③を繰り返し，一列の電車になったらゲーム終了とする。 〈じゃんけん電車の歌詞〉 ゴーゴーゴーゴーじゃんけん電車 だんだんだんだん長くなる ゴーゴーゴーゴーじゃんけん電車 さあ，相手は君だ じゃんけんぽん	・電車のイメージを大切にしながら「衝突事故に注意する」ように伝え，楽しい雰囲気の中で走らないことを意識できるようにする。 ・走る子どもがいる場合には，ピアノ演奏を途中で止めて，リズムをよく聞きながら動くように言葉かけし，落ち着けるようにする。 ・じゃんけんの相手が見つからない子どもがいないかを確認し，必要に応じて相手を伝えることで落ち着いてゲームに参加できるようにする。人数が奇数の場合は，3人になるグループができるように援助する。 ・次のピアノを演奏する前に，前の人の肩を持って並んでいるかを確認する。 ・演奏のスピードをゆっくりにしたり，早めたりして，ピアノの音をよく聞きながら動くように伝えることで，走ったり，手を離して列が途切れたりしないように配慮する。

演奏のスピードを調整する工夫について

> 　友達との活動が盛り上がると，どのような子どもの姿が見られるかを想像してみることも必要です。
> 　小走りになる子ども，前の人の肩から手を離す子どもなどが想像できます。そのような時，ピアノの演奏スピードを遅くすることで，落ち着いた雰囲気になるように工夫し，安全に配慮します。
> 　演奏スピードを変えることで，活動が単調にならないように工夫することもできるでしょう。
> 　また，ルールが共有しきれていない場合には，いったん演奏を止める勇気も必要です。その際，立ったままで説明するのではなく，その場に座るように伝えてからルールを確認するとよいでしょう。

じゃんけんしたら…

この日の保育では，「じゃんけん電車」を通して，新しい友達に親しみを持つことをねらいとしています。実習生の援助については，ねらいをふまえて行うことが大切になりますので，先頭になった子どもが自己紹介をすることで，「同じクラスの友達への興味や次のゲームへの意欲が持てるように」という意図になっています。

時間	予想される子どもの姿	環境構成	実習生の援助
	・一列になるまでじゃんけんを繰り返す。 ・電車の先頭になった子どもは，自分の名前をみんなに伝える。 ・3回目は，「足じゃんけん」でゲームを楽しむ。	ゴーゴーゴーゴーじゃんけん電車 さあ，相手は君だ じゃんけんぽん	・電車の列が長くなってきた際には，後ろの子どもにも先頭のじゃんけんが見えるようにすることで，ゲームに参加している気持ちが持てるようにする。 ・一列になったら，先頭になった子どもが自己紹介をすることで，同じクラスの友達への興味や次のゲームへの意欲が持てるようにする。 ・子どもの様子に応じて3回目のゲームで「足じゃんけん」を取り入れることで，活動への興味が高まるようにする。 ・「足じゃんけん」を行う際には，友達とぶつからないように，子ども同士の空間の確保に配慮する。
10：50	○活動を振り返る。 ・ゲームをした感想を話す。		・活動を振り返り，面白かったところ，難しかったところなどを共有することで，次回のゲームへの意欲につなげられるようにする。

活動の振り返りについて

活動を振り返ることで，次回の活動への意欲，満足感などが持てるようにします。

指導計画 完成版

実施日	対象児	実施場所	学籍番号
4月15日（水）	5歳児　　クラス 男児 13名　女子 15名	保育室	氏名 　〇〇　〇〇

子どもの姿
　進級によって新しいクラスや担任になり，多くの子どもが大きくなったことに喜びを感じている様子がうかがえる。中には，身の回りの始末の仕方や環境の変化に慣れず，少し戸惑いや緊張をしている子どもも見受けられる。
　年中クラスの頃から仲の良い友達と少人数で遊ぶことが多いため，言葉を交わすことが少なく，まだ名前を覚えられていない友達もいる。新しいクラスの友達にも目を向けられるように，一緒に遊ぶ経験を大切にしたい。

ねらい	友達と触れ合う遊びを楽しむことを通して，新しいクラスの友達に親しみを持つ。	内容	「じゃんけん電車」に取り組む中で，新しい友達に目を向け，一緒に遊ぶ楽しさを味わう。

準備
・「じゃんけん電車」楽譜
・活動する場所が確保できるよう，活動の前に椅子を端に寄せておく。

時間	予想される子どもの姿	環境構成	実習生の援助
10：00	○じゃんけん電車についての話を聞く。 ・実習生の前に座って，ルールの説明を聞く。 ・ゲームが楽しみになり，落ち着かない子どもがいる。	出入口 ピアノ　ままごと ロッカー 机 椅子 棚 出入口　○子ども　●実習生 〈じゃんけん電車ルール〉 ①自身が電車であることをイメージしながら，ピアノの音に合わせて移動する。 ②曲が終わったら，ペアになり，じゃんけんをする。 ③負けた人は，勝った人の後ろに行き，肩を持つ。 ④①〜③を繰り返し，一列の電車になったらゲーム終了とする。 〈じゃんけん電車の歌詞〉 ゴーゴーゴーゴーじゃんけん電車 だんだんだんだん長くなる ゴーゴーゴーゴーじゃんけん電車 さあ，相手は君だ じゃんけんぽん	・じゃんけん電車をすることを伝え，歌をうたいながら電車の動きを見せることで，ゲームに興味が持てるようにする。 ・じゃんけん電車の歌をうたいながら動きを示すことで，ゲームに興味が持てるようにする。 ・遊び方の見本を動いて示し，子どもに問いかけながら説明することで，ゲームの基本的なルールが理解できるようにする。 ・説明の途中で立ち上がる子どもには，まだ出発しないで待っているように電車のイメージを用いて言葉かけすることで，楽しみながら話が聞けるようにする。
10：10	○じゃんけん電車をする。 ・ピアノの演奏に合わせて動く。 ・走り出そうとする子どもがいる。 ・演奏が止まったら，相手を見つけてじゃんけんをする。 ・負けた人は，勝った人の後ろに立ち，肩を持つ。 ・列が長くなり，前の人の肩から手を離す子どもがいる。 ・一列になるまでじゃんけんを繰り返す。 ・電車の先頭になった子どもは，自分の名前をみんなに伝える。 ・3回目は，「足じゃんけん」でゲームを楽しむ。		・電車のイメージを大切にしながら「衝突事故に注意する」ように伝え，楽しい雰囲気の中で走らないことを意識できるようにする。 ・走る子どもがいる場合には，ピアノ演奏を途中で止めて，リズムをよく聞きながら動くように言葉かけし，落ち着けるようにする。 ・じゃんけんの相手が見つからない子どもがいないかを確認し，必要に応じて相手を伝えることで落ち着いてゲームに参加できるようにする。人数が奇数の場合は，3人になるグループができるように援助する。 ・次のピアノを演奏する前に，前の人の肩を持って並んでいるかを確認する。 ・演奏のスピードをゆっくりにしたり，早めたりして，ピアノの音をよく聞きながら動くように伝えることで，走ったり，手を離して列が途切れたりしないように配慮する。 ・電車の列が長くなってきた際には，後ろの子どもにも先頭のじゃんけんが見えるようにすることで，ゲームに参加している気持ちが持てるようにする。 ・一列になったら，先頭になった子どもが自己紹介することで，同じクラスの友達への興味や次のゲームへの意欲が持てるようにする。 ・子どもの様子に応じて3回目のゲームで「足じゃんけん」を取り入れることで，活動への興味が高まるようにする。 ・「足じゃんけん」を行う際には，友達とぶつからないように，子ども同士の空間の確保に配慮する。
10：50	○活動を振り返る。 ・ゲームをした感想を話す。		・活動を振り返り，面白かったところ，難しかったところなどを共有することで，次回のゲームへの意欲につなげられるようにする。

【著者紹介】

真宮　美奈子（まみや　みなこ）

同志社女子大学　現代社会学部　現代こども学科　准教授

山梨学院短期大学，鎌倉女子大学を経て，現職。

専門は，保育学，幼児教育学。

子どもの遊び環境の構成や保育者の援助のあり方に関する研究に取り組んでいる。

＜主な著書＞

『保育・教育カリキュラム論』大学図書出版，共著（2020）

『グループワークで学ぶ　保育内容総論』大学図書出版，共著（2019）

『実習場面と添削例から学ぶ！　保育・教育実習日誌の書き方』中央法規出版，共著（2016）

『遊びづくりの達人になろう！子どもが夢中になってグーンと成長できる　3歳児の遊び55』『同　4歳児の遊び55』『同　5歳児の遊び55』（全3巻）明治図書，共著（2011）

『幼稚園教諭　はじめの3年間QA事典』明治図書，共著（2008）

『保育者のための文章作成ワークブック』明治図書，共著（2006）

『つくって遊ぼう布おもちゃ』明治図書，単著（2000年）

＜所属学会＞

日本保育学会　日本保育者養成教育学会　大学美術教育学会

幼児教育サポートBOOKS

ポイントとワークシートでよくわかる！
保育実習日誌・指導計画の書き方＆考え方

2023年4月初版第1刷刊　Ⓒ著　者　真　宮　美奈子

　　　　　　　　　　　　発行者　藤　原　光　政

　　　　　　　　　　　　発行所　明治図書出版株式会社

　　　　　　　　　　　　http://www.meijitosho.co.jp

　　　　　　　　（企画）木村　悠（校正）川上　萌

　　　　　　　〒114-0023　東京都北区滝野川7-46-1

　　　　　　　　振替00160-5-151318　電話03(5907)6703

　　　　　　　　　　ご注文窓口　電話03(5907)6668

＊検印省略　　　　　　組版所　株式会社木元省美堂

本書の無断コピーは，著作権・出版権にふれます。ご注意ください。

Printed in Japan　　　　　　ISBN978-4-18-256822-0

もれなくクーポンがもらえる！読者アンケートはこちらから　→